晨练健身系列丛书之二

普拉提晨练

为你提供各种适时的锻炼项目，提高垫上运动的晨练效果

[美] 凯瑟琳·玛丽凯米 著

李 蓉 等译

人民体育出版社

图书在版编目(CIP)数据

普拉提晨练 / (美) 玛丽凯米著；李蓉等译. —北京：人民体育出版社，2011.3
(晨练健身系列丛书；2)
ISBN 978-7-5009-3956-6

Ⅰ.①普… Ⅱ.①玛… ②李… Ⅲ.①健身运动-基本知识 Ⅳ.①G883

中国版本图书馆 CIP 数据核字（2010）第 204512 号

*
人民体育出版社出版发行
三河兴达印务有限公司印刷
新 华 书 店 经 销
*
787×1092 16 开本 14 印张 200 千字
2011 年 3 月第 1 版 2011 年 3 月第 1 次印刷
印数：1-5,000 册
*
ISBN 978-7-5009-3956-6
定价：29.00 元

社址：北京市东城区体育馆路 8 号（天坛公园东门）
电话：67151482（发行部） 邮编：100061
传真：67151483 邮购：67118491
（购买本社图书，如遇有缺损页可与发行部联系）

谨以此书献给我的爸爸妈妈——罗伯特·玛丽凯米和塞西科·玛丽凯米。我爱你们！

目录

前 言

恭喜你成为晨练大家庭中的一员，同时也恭喜你选择了普拉提作为你的锻炼方法。坚持晨练需要很高的积极性、自律性和专注性。这些品质可以帮助人们养成良好的习惯，保持身体健康。作为这个大家庭的一员，你同样具备这些素质。这本书所提供的锻炼方法将会使你获益匪浅。

第一部分主要介绍了晨练会给你带来哪些益处。其中第一章告诉我们如何集中注意力，以清醒的头脑开始新的一天。例如，如何通过香甜的睡眠习惯和明智的营养选择保持思想、身体和精神状态处于最佳状态，以及通过怎样的方式保持对晨练的高度积极性和热情。身体供给大脑，反过来，大脑也会反作用于身体。因此我会介绍一些方法，保证这种关系更加紧密和健康，从而优化你的锻炼计划，实现你的最终目标。一旦你体会到持之以恒的晨练给你带来的好处，你的积极性也会得到提高。

第二章主要介绍了理想的家庭锻炼场所。拥有一个理想的家庭锻炼场所不仅可以满足你的锻炼需求，而且可以营造一种良好的氛围，使你充分享受锻炼的过程。在这一章里，我为大家提供了许多创造性的设计方案，让你的锻炼场所不仅实用，而且还体现出你的个人风格。在这样怡人的环境里锻炼，有助于你更加投入，并养成持之以恒的好习惯。即使它的空间有限，但其圣殿般的独特魅力会吸引着你，让你每天都期待着早晨的锻炼，并以与日俱增的热情和勤勉投入其中。此外，本章还介绍了道具、音响选择和锻炼服装等内容。

在第三章中，我们将主要介绍一些基本的解剖学和生理学的知识，以便于大家更好地理解普拉提的锻炼方法。了解并掌握一些基本的解剖学知识、身体构造，以及肌肉功能，不仅可以使我们在锻炼的过程中事半功倍，并且可以帮助我们避免受伤。现在你已经了解了普拉提是一项技术性的活动。本章还为你提供了一些新的宝贵信息，帮助你理解一些重要的知识，或者完善你的锻炼动作。你对你的身体及其功能了解得越多，越有利于你的锻炼。

第二部分开始介绍个人的常规锻炼。现在是时候了！当今社会是手机、掌上电脑、因特网的时代，速度是社会的主旋律，我们的生活似乎变得越来越繁忙，时间成了最为昂贵的商品。为了使你既完成日常生活中所有必要的职责，又能抽出时间做一些有效的锻炼，我将我们的锻炼计划分成了3个层次和3个时间段。你可以选择初级抑或高级，其中又分为20分钟、40分钟或60分钟三种锻炼计划。因此，你可以根据自己日程安排的变动，或根据时间、能量水平，或综合二者考虑，灵活安排你的锻炼日程。如果你有更多的时间，你可以选择60分钟的锻炼计划，如果你一天中的锻炼时间比较少，你可以选择20分钟的计划。这些时间里不包括5~10分钟的热身时间，所以你需要另行安排。在每章结束时，都会为你提供一份按照顺序排列的运动列表，以便于你快速查找。

我们的锻炼内容包括经典普拉提，如一百式、摆腿和泳姿，也包括一些大家比较陌生的内容，如平衡控制、美人鱼式锻炼、镰刀式锻炼等。你会发现自己时而做一些瑜伽式的伸展和转换，时而又在做柔软体操的一些运动，例如简单的俯卧撑。当你的体力、灵活性、协调性和平衡性得到提高时，你将会发现自己精神焕发，思维敏捷。

约瑟夫·普拉提最先开创了提高人们身体和精神健康的健身法。其34式垫上锻炼法是我们这本书的基础。而我所设计的这套普拉提健身法，不仅包括了大部分有利于使用者的经典动作，而且锻炼顺序合理安全，前后动作连贯流畅。许多动作的完成程度和效果往往受制于某组肌肉群，一旦这组肌肉群伸展开了，那你的锻炼效果会大大提高。通过流畅的转换，完成一些简单的伸展运动，你不仅可以提高自己的身体状况，而且可以使思维变得更加敏锐。如果时间允许，你可以自己延长伸展运动的持续时间。这本书里介绍的健身法是根据我从教数十年的经验中总结出来的。同时，我还将自己各种创造性的想法应用于我每个星期的健身课上，以便从中得到验证。当你适应了我所安排的锻炼计划时，你就可以将各种锻炼方法混合或重新搭配，形成一套适合自己的锻炼方法。

普拉提锻炼可以使你的身体和思维的联系更加紧密。我非常高兴你能朝着这个目标不断努力。同时我也相信，你一定会喜欢这些锻炼方法，说不定你还会从中大受启发，根据自己的想法混合或重新搭配它们。那么加油吧！尽情享受这一美好的过程！

鸣 谢

我之所以敢于尝试这项工程归功于很多人。如果我不小心遗漏了其中的某个人，请一定要谅解我。以下所提到的人都直接或间接地为本书的出版做出了贡献：

我的父母为我做了很多事情。当我六岁时，妈妈带我去看了一场芭蕾舞剧，其主角是鲁道夫·纽勒耶夫（Rudolf Nureyev）和玛哥特·福汀（Margot Fonteyn）。就在那时我决定要成为一名芭蕾舞演员。于是我就央求妈妈送我去上芭蕾课。感谢爸爸妈妈，他们答应了我的要求。尽管我最终还是没有成为一名芭蕾舞演员，但这件事却引导我最终走上了教授健身运动的事业之路上，并在这条路上勇往直前。

约瑟夫·普拉提开创并验证了其关于健康与运动的理念。他遥遥领先于他的时代！

马丁·巴纳德非常信任我，其人体动力学为我的书提供了基础概念。

曼迪·伊斯汀（Mandy Eastin）负责人体动力学的编辑工作，她对我很耐心，给了我很大的支持。她以自己深刻的思想和见解引导着我。当我认为自己已经进入了绝境时，她却不断地鼓励我，给我加油。她甚至容忍我（事实上她也别无选择）在半夜里给她留一通长长的留言（曼迪，你是不是庆幸自己正好处于中央时区?）。耐心认真的鲍比·伯莱泰（Bobby Bretell）负责拍照，为本书提供了非常精美的照片。慷慨的凯瑞·托伯赞德（Kari Topzand）为我们提供了实用而精巧的锻炼装备。我的朋友詹尼弗·马丁（Jennifer Martin）一直担任协调系统（SynergySystems）健身工作室的高级教练，也是一位美丽的模特。还有简（Jenn），谢谢你陪我共同走过了这么多风风雨雨！杨塞·斯科沁（Yancey Scoggin）是一位优秀的摄影模特。而充满活力的可可·伯纳德（Coco Bennett）则是我的姐妹、模特兼好朋友。在艾米·金伯格（Amy Goldberg）的帮助下，我的办公室变得井井有条，我总是把别人办不到的事情交给她来办。当我被各种压力折磨得透不过气时，她就像我的小妹妹或好朋友一样鼓励安慰我！阿兰·荷德曼是伦敦阿兰荷德曼工作室的主管，善良的他像对待徒弟一样教给了我很多东西，完全不计较我曾经在他的英式工作室里穿紧身连衣裤。他所教的东西到现在还令我获益匪浅。如果没有阿兰，我今天就不会从事教授普拉提的职业。长滩舞蹈培训地（Long Beach Dance Conditioning）的主任玛丽亚-琼斯·伯拉姆-劳伦斯（Marie-Jose Blom-Lawrence）既是我的良师，又是我的益友。她非常信任我，允许我教授她的作品，并以她的天赋、幽默和聪明才智继续激励着我。我还要感谢MJ，你总是给我带来惊喜。当我第一次从伦敦回来，满腔热情却怀才不遇时，是菲力斯·皮尔格姆（Phyllis Pilgrim）给了我无限信任，让我有机会在那里播下希望的种子，并结下硕果。信任菲力斯（Phyllis）的德伯拉·西克力（Deborah Szekeley）允许我在瑞可·赖·帕特（Rancho La Puerta）开办了一家设备齐全的普拉提工作室，圆了我的梦想。是瑞可·赖·帕特（Rancho La Puerta）使我的教授技能得到了锻炼和提高。正是在那里，我学会了一种复杂的物理疗法，如普拉提，并将其简化，使之适合不锻炼的人。把我介绍给阿兰的劳瑞·盖拉斯汀（Laura Gallerstein）是最早在瑞可·赖·帕特教授普拉提的人，当得知我的人生将翻开一个新的篇章时，我们俩在山上竟做起了诗。

在创意（IDEA）健康协会举办的1994年世界健身大会上，我的第一个普拉提表演赢得了他们的信任，并从此把我列入了他们的表演名单中（当时大部分人还从来没听说过普拉提）。因为帕迪·迈考德（Patti McCord）和创意（IDEA）的缘故，杜克大学医药中心的运动生理学家拉弗·勒福吉（Ralph LaForge）对我的教学产生了很大兴趣。帕迪·迈考德（Patti McCord）（IDEA前任教育主任）很信任拉弗·勒福吉（Ralph），并向她介绍了普拉提及我的教授工作。

马德兰·布莱克（Madeline Black）是加利福尼亚索诺马县M工作室的主任。作为我的同辈和朋友，她给了我极大的支持。同时她自己也是一名非常优秀的老师。

自从我在瑞可（Rancho）执教后，平衡器械（Balanced Body）这个品牌在很多方面都很支持我，为我提供了市场上最好的器材。在我向阿兰学习的期间，克里丝·凯德（Chris Kidd）为我提供了住处。在这段时间里，吉莲·高尼诗（Gillian Cornish）也允许我住在威尔斯丹·格林（Willesden Green）的一间小公寓里。她和瑞弗·布劳特（Trevor Blount）、尼可·瑞海姆（Nick Ringham）是我在阿兰工作室学习时的老师。当我学习中遇到困难时，她给了我很多帮助，是我的好朋友。

我衷心地感谢我所有的学生和客户，既包括以前的也包括现在的。你们教给了我许多我自己所不能学到的东西。

我最感谢的是伟大的造物主，是他让我有机会教授自己热爱并信奉的东西，使我可以和世人分享一些我知道的东西。这是造物主给我的最好礼物。

第一部分

晨练准备

1

新的一天所需的能量

早上好！作为一名经常晨练的人来说，你很可能刚刚起床。不需要闹钟响 14 次，也不用睡眼惺忪地偷看时间，更不会抱怨不停，你睡醒后就起床，准备开始新的一天。好吧，也许你并不是每天都能做到这点，但总的来说，你比大部分人起得都早。

经过一晚上的睡眠，早上的你很可能有点饿——因为你已经 8 到 10 个小时没有进食了。你往往前半夜就上床了，然后睡 6 到 8 个小时。一般人通常晚上 11 点上床，但对于一个热衷于晨练的人来说，你应该至少提前一个小时上床。早晨是一个人最清醒的时候。也许你的身体还有点僵硬，但你的头脑却摆脱了大部分烦恼、焦虑、责任等的困扰。因此，早晨的你更容易集中精神，可以投入的精力也比一天中任何时候都多。正如俗话所说的，早起的鸟儿有虫吃。

本章将会教给你如何投入到每天的晨练中去。你早上的自发性和自律性还是不错的，否则你也不会打开这本书。然而有时会遇到这种情况：虽然知道精神饱满时自我感觉很好，但起床后却感觉积极性大不如平时。睡眠、水合作用、营养供给、精神状态都可能是造成慵懒的因素，所以这一章我会为你介绍一些曾让我也受益匪浅的指导策略。设想一下，如果这些方法能在你慵懒的时候发挥作用，那么当你本来积极性就很高的时候，它们就可以使你精神更加饱满！

早起晨练，炫出自我！

虽然说早起的鸟儿有虫吃，但它是如何知道什么时候该起床呢？答案是，生理节律。你也许已经注意到，鸟儿总是日升而起，日落而息。植物也总是在白天展开花瓣或叶子，到了晚上就合上了。事实上，人类也遵循着这一生理节律。人的血压、心率和体温在起床后都会上升，而在睡着时又会降下来。这一规律是造物主赋予人体的。人体自然地随之变化。虽然如今我们生活的社会已经有了电和电灯，但我们的祖先却过着日出而作、日落而息的生活。我们确实遵循着自然的法则，试图与生理节律保持一致。有规律的作息才能使身体发挥到最好的状态。每天按时起床，早起锻炼可以使我们的身体一整天都处于最佳的状态。

一定要保证充足的睡眠，使自己在晨练时精力充沛。睡眠不足会让你一大早甚至一整天都无精打采，反应迟钝。研究表明，连续的睡眠可以为白天的活动提供良好的保证。事实上，越来越多的证据表明，睡眠不足是造成不健康生活方式的主要原因之一。

尽管我们知道，减肥不是普拉提的特别目标，但读了下面的信息你就会发现，体重与你的饮食习惯，尤其是睡眠不足有着紧密的联系。也许你还不知道，睡眠太少很容易发胖。因为睡眠不足会使生长素的数量和增加食欲的荷尔蒙含量增高。反过来，生长素还会引起控制食欲的荷尔蒙瘦素的含量下降。结果，人体就会需要更多的含有高能量、高碳水化合物的食物。以下两项研究证实了这个理论。在第一项研究里（Spiegel et al. 2004），12 名被试人员连续两晚只睡了 4 小时，结果血液温度测试显示，被测者的生长素含量上升了 28%，而瘦素的含量下降了 19%。当这些人得到了充足的睡眠后，血液含量又恢复了正常水平。

在另一项实验中（Taheri et al. 2004），研究者们分析了 1000 多人的睡眠方式和荷尔蒙含量。每晚睡眠不足 5 小时的人跟每晚至少睡 8 小时的人相比，其生长素的含量增加 15%，而瘦素的含量则减少 15%。

这些信息对于热衷于晨练的你来说有什么意义呢？缺乏睡眠会扰乱你体内的生长素和瘦素的含量，尤其是当你时间紧、手头上堆积了很多事情的时候，身体就会在不自觉中增加对高能量食物的需求。按照体内的生物钟按时早起是很好的，但如果你熬夜了，没有得到充足的睡眠，你会发现自己在白天时仍然需要补充糖，以保持清醒的状态。摄入含有高碳水化合物的食物并不是明智的选择，它不利于锻炼和恢复时所需的持续能量的形成。你现在可以看到，好的睡眠是多么重要！它可以为你早晨练习普拉提提供充足的能量，帮你做出最营养的早餐选择。

在锻炼前你要先检查一下自己的精神状态。为了充分利用锻炼的时间，达到最理想的效果，现在就看一下你的意识状态吧！你现在精力充沛吗？如果是，太好了！你累吗？身体疲劳可以表现为无精打采，四肢沉重，肌肉或关节酸痛，身体颤抖。精神疲劳表现为注意力难以集中，易怒，或感觉特别亢奋。如果你晚上睡眠质量不好，身体没有得到很好的放松，或感觉有以上所提到的各种疲劳现象，你可以将锻炼的时间缩短，或选择一些比较容易的锻炼项目。例如，如果你平日做40分钟的中度训练，那么今天你就只做20分钟的中度或轻度训练。

如果你晚上没有休息好，早上感到很疲惫，想补充点咖啡因或糖以保持体力，或者你并不缺少睡眠，只是在经历过更高难度的锻炼后，你对身体的要求也提高了，因而觉得有点累，那么你应该如何应对这些挑战呢？白天抽点时间睡一会儿是最好的办法。它可以帮你恢复第二天的睡眠周期。一些研究表明，小睡30分钟可以减轻疲劳，使思维更加灵敏。白天小睡一会儿的好处如下：

- 补上长期的或暂时的睡眠不足。
- 抑制一些荷尔蒙的分泌，从而保证健康饮食。
- 为体能的恢复争取更多的时间。
- 避免摄入过多的维持活动的糖和咖啡因。

欧洲和拉丁美洲的人们从几个世纪前就有睡午觉的习惯。但由于许多原因，北美洲的人们一直没有采纳这一做法。然而，对于缺乏睡眠的人来说，白天小睡一会儿，哪怕只睡10分钟都很有意义。有时，你甚至并不需要完全进入睡眠状态，只需躺下来，闭上眼睛休息一会儿就能达到很好的效果。找一个安静的地方，只要能使你的身体、头部和颈部都有所依靠就可以了。如果你躺在地板上，就可以像瑜伽里的死尸形一样，把胳膊伸向身体两侧（也叫尸躺）。如果你选择了长沙发或床，那么就把你的胳膊放在肚子上。如果你觉得下腰很紧张，那么就双膝微屈，并在下面放一个枕头或其他东西支撑着，使膝部得到完全的放松。如果你正在工作，不能仰卧，那么就可以将脚放在桌子上，身子靠在椅背上，闭着眼睛眯一会儿，或者采取幼儿园姿势，即趴在桌子上休息一会儿。

慢慢地呼吸，使自己整个人都处于一种放松状态下。小睡最好不要超过45分钟，否则醒来后不但没有消除疲劳，反而会感到更加无力。艺术家塞瓦德尔·戴力（Salvador Dali）小睡时会在大腿上放一个银托盘，然后手里再拿一个银匙，正好放在托盘的上方。当银匙从他手里滑落，与拖盘撞击时，他就会醒来，而这段时间就是他所需要的休息时间！对于你来说，并不一定也要选择这套办法，你可以订一个闹钟，这样你就可以完全地进入休息状态了，因为即使你偶然睡过头了，你的闹钟也会把你叫起来。

为身体储备水分

我们身体的三分之二是由水组成的。水是人体重要的营养成分，身体的每一项活动几乎都离不开它。它可以将营养成分运进细胞，然后将细胞产生的废物运出来。人体的消化、吸收、循环和分泌过程，以及水溶维生素的吸收都离不开水的参与。此外，水还有维持体温的作用。

一定要多喝水。人体可以连续几个星期不进食，但如果不喝水的话，连一个星期也撑不下去。人体内的水必须不断地更新。一般来说，你每天可以呼出 250 毫升的水。以前有一种理论说，每个人每天最少应该喝 8 杯水。尽管有些专家们对此持有异议，但却都同意脱水会影响人的活动。每天喝足够多的水可以使你的身体保持健康。而喝白开水是补充水分的最好方式。还有一些其他饮料，如果汁、牛奶和不含咖啡因的饮料也可以为身体补充水分，因为它们中含有大量水分。此外，多吃水果和蔬菜也可以补充水分。如果你在湿度很小的高纬度或沙漠环境里工作，或是在特别热的天气里工作，一定要记得尽可能地多喝干净的液体。

在晨练之前喝足水是明智的。之所以锻炼之前要喝水是因为你在运动的时候即使没有出太多汗也会失去很多水分。起床后喝一两杯水是补充水分的好方法。加少量的柠檬汁不仅可以增加口味，而且可以帮助你疏通肠胃，使你在锻炼的时候更加舒服。

你们中的许多人可能都喜欢早晨起来喝点咖啡或茶。如果你早晨一定要喝点咖啡因，那么就喝吧——但是最好之前先喝一大杯水。尽管许多医生认为咖啡因有利尿作用，最近一些研究却对此提出了质疑。咖啡的确会增加你去洗手间的次数，但根据美国政府药物局研究，咖啡具有和水一样的解渴作用，而且并不消耗体内的液体（McAuliffe 2005）。此外，因为咖啡可以缓解肌肉疲劳，增加其运动速度和持久性，所以锻炼前喝杯咖啡可以帮助你更努力地锻炼。而运动心理学家则认为，咖啡可以释放肾上腺素，从而加强肌肉的收缩，帮助脂肪酸转化为能量。所以，早晨喝一杯咖啡或茶，使自己精神抖擞。看起来这对你身体内的水合作用没有什么消极影响，如果不放心的话，你也可以每次先喝一杯水。

水合作用对晨练的精神状态有很重要的影响。记住，你刚才从 8 到 10 个小时的禁食状态中醒来。因为适当的水合作用可以提高你的锻炼质量，减少疲劳，缩短体力恢复的时间，增加你的满足感，所以锻炼前后一定要记得喝水。还要记住的是，不要根据自己是否口渴来判断是否需要补充水分。如果你的尿液呈现鲜柠檬的颜色，说明你做得很好。但如果你的尿液颜色偏向于苹果汁的颜色，那么说明你需要补充水分。还有，脱水有一些表现症状，如头痛、注意力难以集中、疲劳、便秘等。如果你觉得自己出汗太严重，需要补充一些电解质，那么你可以将一杯水（约 237 毫升），一杯橘子汁和一品脱盐混合，自己制作一杯电解鸡尾酒。它们富含电解质、维生素 B、维生素 C，既好喝又便于携带。

水是重要的营养物质，几乎参与了所有的身体机能活动。在锻炼前后一定要喝点水。

为“发动机”储备燃料

早晨吃什么是个很棘手的问题。每个人的身体都各不相同，所以没有一套标准是适合每个人的。对于许多人来说，“饮食”这个词似乎本身就意味着“失去”。年龄、活跃性、压力都极大地影响着每个人的营养需求。

在这一节中，我将会就早晨锻炼前“吃什么”“怎么吃”等问题提一些建议，并提供一些当前关于营养选择的信息。至于什么样的食谱更适合于你，就需要你自己去发现和选择了。根据我的这些建议，不断试验，找出最适合你的早餐食谱。你会发现，随着季节、气候、年龄、环境以及生活中各种精神压力的变化，你的最佳食谱也在不断变化。而且你所选择的锻炼水平也会影响你的食谱。你也许可以去咨询一下营养师，帮助你发现什么样的食谱最适合你。

吃还是不吃？

锻炼之前到底应不应该吃点东西是一个具有争议性的问题，而且也因人而异。你需要知道的是，在睡了 6 到 8 个小时之后，你的血糖指数会偏低。我在锻炼之前就需要吃一点东西，尤其是当我的锻炼时间比较长的时候（例如 60 分钟）。我通常吃半个香蕉或其他水果，半杯酸奶，一个煮硬了的鸡蛋，或者是半两蛋白果汁，正好满足锻炼（这是我目前的最爱）。我偶尔也会代谢极快、胃口特好、血糖指数需要维持在较高水平上。我现在已经学会根据自己的身体状态和精神状态，以及我所处的环境来决定选择什么锻炼项目。有了这种意识（有时需要一些专家的指导），你也会做到这一点。

如果刚起床就去锻炼，你可能不会想吃太多东西。否则你不仅会感到不舒服，产生很多气体，而且还会使你感到浑身无力，缺乏积极性。早晨吃太饱会使血液转移到消化系统，从而影响锻炼时大脑和身体的血液供应。然而，如果你起床后并不急着去锻炼，你可以好好地吃一顿早餐或多吃一点东西，因为你在开始锻炼前有时间将食物消化掉。

如果你在锻炼前不需要或不想储存很多能量，或者如果你只想锻炼 20 分钟，那么我建议你在醒来后喝点水或饮料，含或不含咖啡因都可以，此外再补充一些下列食物或饮料：少量水果加酸奶，或水果加鸡蛋，或一小份加了酸奶的燕麦片，或半片抹了杏仁黄油的烤面包。我非常喜欢每顿饭喝点蛋白质，这样不仅可以平衡我的血糖指数，还可以为我提供源源不断的能量。

如果以上所建议的食物对你来说太容易吃撑，或者你并不觉得饿，那就试试蛋白果汁。我几乎每天工作的时候都吃一个。蛋白果汁准备起来又快又方便，并且由于有很多种组合方式，你每次都会有不同的选择。发挥你的创造力，选择季节性的水果。下面是一个蛋白果汁基本做法，你可以选择不同的水果或液体来制作不同的蛋白果汁，将下列原料放进食品搅拌器或加工器里，搅到均匀为止。

- 237 到 355 毫升稀释的无糖橘水、石榴汁、橘子汁或豆奶。
- 半个香蕉。
- 1 / 4 杯（59 毫升）水果汁（如浆果、桃子、芒果或菠萝），新鲜的或冰冻的都可以。
- 1 到 2 勺乳浆蛋白质或其他蛋白质粉。
- 一勺酸奶（可选）。
- 一汤匙亚麻油（可选）。

橘水是用 118 毫升的无糖纯橘汁混合约 1 品脱或 1 升的水制成的。我还喜欢稀释石榴汁或橘子汁，保持较低的含糖量。

在锻炼前 15 分钟喝半两蛋白果汁，剩下的在锻炼完喝掉。15 分钟时间足以消化掉你胃里的食物。对于有些人来说，锻炼 20 分钟也好，更长时间的外加一小时的高强度锻炼也好，吃这些东西足以应付。但对于另一些人来说，锻炼时间太长的话，他们会需要更多的能量。下面为大家介绍一种方法，你可以将以下东西混合，为较长时间的锻炼提供能量：

- 89 到 118 毫升的果汁
- 半杯到一杯（118 到 237 毫升）酸奶，可以加点燕麦卷或燕麦片
- 鸡蛋（可以是煮得很老的、水煮的或是炒的，并加一些蔬菜或低脂奶酪，

以及肉或豆制品等）

- 涂着杏仁或花生奶油的烤面包
- 高蛋白低糖类的冷谷类食品，燕麦片或燕麦卷加水果

我极力向你推荐安·路易斯·杰特曼（Ann Louise Gittleman）所写的《洗脂计划》（The Fat Flush Plan）和《洗脂食谱》（The Fat Flaush Cookbook），为你提供了更多的烹饪法和建议。书中所介绍的美味早餐或快餐不仅富含蛋白质，而且降低了碳水化合物的含量，从而稳定血糖指数，使你的能量平稳释放。此外也有利于你的肤色、头发和指甲。

时间安排非常重要

合理地安排饮食时间可以增强活动能力，缩短体力恢复时间，提高肌肉协调能力。其前提是在最合适的时间补充一些理想的营养组合。换句话说，就是注意什么时候吃而不是吃什么。安排饮食时间的目的就是在训练时能有理想的表现，为肌肉成长提供所需的一切，促进运动后糖原的再生（糖原是运动中最理想的燃料），跟进食物补充，促进身体的长期发展和恢复。这个安排是根据一天内荷尔蒙释放的不同以及锻炼安排而制定的。尽管饮食时间安排似乎更适合于专业运动员，但其基本的策略对非专业性的运动者也很有利。所有的职业运动员都知道，合理的饮食与运动表现、体力恢复之间关系密切。作为一名独立的锻炼者，知道了这一点会帮助你最大限度地获得晨练给你带来的益处。

饮食规划的基本流程是这样的：在锻炼结束后的三个小时内，你需要吃四次小餐：一次主要以喝为主，其余三次以吃为主。理论上，这四餐每餐应含大约40克蛋白质，20到30克碳水化合物。这样就会有源源不断的氨基酸被输送到目标肌肉，保证身体结实强健，加快体力恢复。

采用ANTF（合成代谢营养规划因素法）的职业运动员，肌肉饱满，富含水分、营养和氨基酸。增加肌肉组织需要肌肉、肝脏和血液发生一系列复杂反应。此外，这些组织中的氨基酸数量也是一个很重要的因素。这就叫做合成代谢，或合成代谢状态——这是一种很有利的状态，它是合理锻炼、营养和休息的共同结果，使肌肉更加结实强健，减少脂肪含量，所有锻炼者都渴望得到更多的瘦肌肉。ANTF养生法的关键是控制营养，刺激胰腺适时地分泌胰岛素。如果能恰当地运用这一方法，你的肌肉就会变得更加健壮，减少身体内不必要的脂肪，储备足够多的能量。控制血液里胰岛素的数量是ANTF养生法成功的关键。

下面是饮食规划的具体步骤及其中所蕴含的基本原则：

1. 锻炼结束后，喝点含有碳水化合物和蛋白质的流质，增加胰岛素的数量，提高血糖浓度。如果你血液里的胰岛素含量比较高，就会把蛋白质带进肌肉细胞

里，因为胰岛素有利于促进肌肉组织吸收蛋白质和碳水化合物。但只消耗蛋白质不会刺激胰岛素的分泌。你需要碳水化合物来迅速地增加血液中的胰岛素。为此，最好的方法就是喝点液体的碳水化合物。要提高血液里胰岛素的含量，可以考虑喝点蔗糖和果糖含量较高的果汁。例如葡萄汁、橙汁或橘子汁。它们可以快速地为血液提供大量的氨基酸，这正是锻炼结束后身体所急需的。

在适当的时候喝点指定的含有碳水化合物与蛋白质的饮料（如蛋白果汁），可以创造一个最佳的新陈代谢环境。就像补充蛋白质不能保证氨基酸（肌肉组织的组成单元）一定会被用于修复肌肉组织，同样，补充碳水化合物也不能保证会促进糖原的生成和能量的供应。因此，补充点蛋白果汁有利于用碳水化合物来增加胰岛素的分泌，进而在新陈代谢的过程中吸收蛋白质。这是一个多米诺骨牌效应：胰岛素的增加又会促进身体吸收尽可能多的葡萄糖和蛋白质。葡萄糖被运送到肌肉细胞中，又以糖原的形式储存在肌肉中，为下一次锻炼提供能量准备。

2. 在喝完流质的30分钟内，吃一小块含有蛋白质和碳水化合物的低脂肉类。为了更好地保持体能，你应该在喝完富含碳水化合物与蛋白质的流质（蛋白果汁！）后的30分钟内再吃第二餐。这一餐应该含有较低的脂肪，以便于快速消化掉，而且还应含有容易吸收的碳水化合物和蛋白质。

第二餐的营养构成与第一餐相似；然而需是固体食物。这次补充碳水化合物的最好方式是烤土豆、白米饭、粗谷物、配以鸡汁酱、鱼酱或肉酱的意大利面。鸡蛋也是一个很好的选择（因为刚起床的你可能更喜欢吃鸡蛋），你可以选择不同的做法，再配以刚刚提到的那些食物中的任意一种。这些食物可以使你在第一餐中吸收的蛋白质继续分泌氨基酸，不仅满足血液中葡萄糖的恢复，而且还能满足新陈代谢的需求。

3. 一个小时之后再吃一顿类似于第二餐的食物，如果你觉得很饱，可以吃一点蛋白果汁或蛋白质食品。这样就差不多了。吃完第二餐后，再等一个小时吃第三餐。加两餐类似于第二餐的食物有利于充分利用你所吸收的营养物质。如果你觉得已经太饱了，可以吃点蛋白果汁加半块土豆。你可以自由选择指定的碳水化合物种类，但要记住，第三餐不宜吃太多。

4. 合成代谢会持续3个小时，你应在其结束前吃最后一小餐。现在你有90分钟的时间吃第四餐和最后一餐。你可以选择市场上热销的蛋白质食品，但我提醒你，一定要仔细地阅读商标，因为它们中有许多食品含糖量太高（如玉米糖浆）。自己判断好何时该吃最后一餐。最好的时间是合成代谢结束前的半个小时。多试几次，你就可以掌握吃多少、吃什么等问题。

我知道这个方法乍一看让人望而生畏。但如果你是一个热衷晨练的人，而且希望自己的努力能换来尽可能多的回报，整天保持精力充沛，那么就按照这个方法去做吧！当你感到十分疲劳，锻炼的态度和积极性都大打折扣的时候，这个方法可能会为你带来更多的益处。

保持积极性

每天锻炼也许会让你觉得单调重复，如何保持高度的积极性和热情，做到严格自律呢？当你感到无聊、疲惫或太忙怎么办？如果不速之客突然来访或你的工作需要更多的时间和精力怎么办？也许你觉得自己并未取得预期的效果，或你觉得自己又回到了儿童期，受着各种新生儿般的约束，又或者一场持续时间稍长的流感让你觉得很沮丧。

保持积极性关键在于你的态度。思想健康积极不仅可以让你收获颇丰，而且还会让你学会享受生活。这一节将会分析一下你缺乏积极性的原因，并为你提供一些方法，提高你锻炼的积极性。了解了自己起床后精神低落的原因固然很好，但如果知道如何从这种郁闷状态中走出来似乎更好。

压　力

每个人都有烦恼和责任。每个人都在为工作和家庭义务奔波忙碌着。经济重担、子女、离婚、事业发展以及居住环境的变化都是我们高节奏生活的一部分，这些事情也可能同时发生。

医学博士汉斯·塞利（Hans Selye）最先提出了精神压力这一概念。他认为，当一个人处于压力环境下，控制情感的交感神经系统会引起身体的一系列反应。肾上腺外皮产生的荷尔蒙，包括皮质醇和肾上腺可以使身体产生瞬间的快感，即所谓的“战或逃”反应。汉斯·塞利还指出，一旦引起压力的威胁解除，身体就会恢复到正常的平衡状态，这叫做自我平衡。这会导致体重意外地增加。一些研究者认为，皮质醇数量长期增加会导致体重增加，腹部尤其明显。

这种体重增加，尤其是身体中部的发福，会阻碍躯体的自由前进、旋转和扭动。这个特别的你阻碍着你的生活。这个结果是我们不希望看到的，所以如果你能越快地控制你的压力水平，进而控制荷尔蒙的数量，对你越有利！不仅你感到活动更加灵活敏捷，你的身体在锻炼时也会不再感到沉重和疲惫。

如果生活环境（通常为压力）使你很难坚持晨练，那么你可以采取许多比较保险的措施。请一位合格的健康咨询医生，为自己提供营养搭配和应对压力方面的指导和支持，并对一些精神压力进行心理治疗，这样固然很有用，但如果能查出自己的压力比例，可以增加你对生活中各种压力的认识，引发一些自我反省。

在网上输入“生活中的压力比例”，你就可以找到一个压力参照。

运动可以使身体和大脑产生积极的生物化学变化，从而使你情绪高涨。经常运动可以减少因为压力而产生的肾上腺荷尔蒙的数量。同时，运动还可以使身体释放更多的内啡肽，它是大脑产生的一种可以缓解疼痛、提高情绪的化学物质。抑郁型的人们通常缺少这种影响神经系统的化学物质。所以，如果你因为压力过大而放弃锻炼的话，你实际上是放弃了一种能缓解你紧张状态的有效方法。

遵循精神-身体锻炼法的运动是一种非常值得推荐的方法，它可以清除杂念，集中注意力，为坚持锻炼扫除了最大的障碍。因为锻炼本身就可以缓解压力，所以当你偶尔感到焦虑或担忧，无法按照计划进行锻炼时，请试试以下建议：

- **找一个锻炼伙伴** 找一个锻炼伙伴或同许多人一起锻炼是非常有用的。如果你和另一个人约好了一起锻炼，那么你就会为了他而摆脱厌烦情绪，坚持锻炼。同样，你也会对他产生同样的作用。当知道另一个人正在等你一起锻炼时，你就会尽自己所能不让他失望。这就是伙伴计划屡试不爽的原因。锻炼伙伴不仅在你缺少积极性的时候可以发挥作用，实际上还可以激励你为自己制定新的健康目标。当你知道你是因为另一人而出现的时候，你就不太容易感到疲劳。锻炼伙伴之所以能激励你，与预缴学费的作用是相似的。没有人喜欢预缴了学费后却不去上课，因为这意味着浪费了很多钱。同理，如果你知道你约了某个人，而这个人此刻正在等你，那么这就会成为督促你起床的原因。有时，当生活中变故不断，这个一起锻炼的伙伴将会成为把你从这些变故漩涡中拯救出来的关键因素。

如果你的健身伙伴能和你一起进行健身前的热身运动，和你聊天，为你分担一些压力，那么这对减轻烦扰你的各种压力大有帮助。我发现，拥有一位善解人意的倾听者可以点亮你的视野，而拥有局外人的视野有时可以帮助人不再为一些鸡毛蒜皮的小事而担心不已。

- **增加一些心肺运动** 因为你是一个热衷于晨练的人，所以你已经非常了解锻炼的益处。你可能已经听说了，身体分泌的内啡肽可以使你感到全身健康安宁；换句话说，它可以帮助你缓解压力。程度逐渐加强的心肺运动或冥想也会产生这种效果（有时被称为“跑步者的快乐”）。所以，在你早晨练普拉提之前或之后如果能增加这两个项目，或只增加两者中的任意一项，都会有利于你处理生活中的复合压力。

你可以考虑在开始练普拉提之前增加一点心肺运动（如果你体力不太好，可以选择慢走；如果你的体力很好，可以选择慢跑），结束后再增加 5~10 分钟的冥想。或者，如果时间允许的话，你可以在其他时间段做一点心肺运动或冥想。即使不能同时做这两项，你仍然会受益匪浅。事实上，内啡肽的分泌分散了（在练普拉提的过程中你的身体确实分泌了一些内啡肽)，你的良好状态就会持续得更长，从而使你在不锻炼的时候也能保持积极的态度。

• 冥想　根据我的个人经验我发现，每天抽出一点时间静处，即便是几分钟也好，可以使我沉下心来，感觉到自我，并放松下来，避免受伤。经过验证，运动可以提高人的精神状态，使一般的人精神振奋，十分郁闷的人症状缓解。积极的精神状态最适合冥想，冥想又可以使精神状态好到极致。思想—身体健康是最终的健康目标，也是唯一真实完整的方法。我认为冥想应该成为你健身计划不可或缺的内容。你的思维对身体的复原及注意力的集中有很重要的作用。而冥想又会使你的思维变得活跃。思维和身体一样，也需要保持灵活和强壮。

记住，如果你觉得很累，增加锻炼内容可能会使你情况更糟——如果你的性格属于A型，那就更加明显了。我的建议是，如果你知道怎样在晨练中增加一些减轻压力的小技巧，又不影响晨练效果，那最好不过。但如果你发现增加心肺活动或冥想会给你带来更多的焦虑和不安，那么你可以换掉它们，或几天进行一次。长期的压力会导致免疫能力下降，当你觉得自己已经没有时间或能力完成所有的努力时，你最不想发生的事就是生病。

时间紧缺

你有没有过这样的经历：有一天你不小心睡过头了，然后你就觉得这一整天时间都不够用，事情无法正常进行？你希望能再给你3个小时才能把所有事情都办妥。这种反应一定会影响到你晨练的态度和积极性，使你无法按时锻炼。

如果你真的没有时间像往常一样做完所有的晨练安排，那你可以将其分成一小块一小块，分开来完成。许多普拉提动作都适合站着进行。例如，当你在办公室打电话时，你可以反复做几个单腿踢动作，或者，当你坐在办公室时，可以做一个脊椎转动。如果你没有时间做完所有的晨练安排，你也可以通过上下楼梯的方式达到锻炼的效果，或者你可以将你的车停在离百货店或办公楼远一点的地方，从而多走几步。

没有完成平日里的晨练内容需要你自己增加一些训练，把它们“分割并粘贴”到自己的日程安排中。如果你的日程安排很紧，那么做到这一点并不容易。然而，反过来说，这个方法也许会使你再分泌少量的内啡肽，使你感觉精力更加充沛，处理事情更加平稳，在某种程度上还会达到抑制糖和咖啡因的摄入。

如果你平日里锻炼40分钟，那么在没有时间的时候就考虑一下能否锻炼20分钟，或者最少也要抽出10分钟，做一些最喜欢的运动，以免一点运动也不做就会破坏掉坚持锻炼的好习惯。你知道自己会很高兴这样做！

厌　烦

每天重复做同样的锻炼也许会让你偶尔觉得很厌烦，以至于使你热情消退，缺乏锻炼的积极性。如果你真的觉得做常规锻炼很乏味，那么可以试着替换一下锻炼内容，或者将它们糅合一下，就像按一下 CD 播放机的慢键一样。

选择一套不同的锻炼组合（如果接受本书中的建议），或者参加几天持证教练的课。看一些推荐的 DVD 或录像，或者翻一翻本书所附的参考书。在这些天里，你还可以登录一些有现场版锻炼视频的因特网网站。把你的锻炼看成是一种乐趣而不是工作。保持健康的最后方法就是以一种游戏的心态去看待锻炼，而不应把它看作是一种艰苦劳动。如果你平日里很注重成果，那么做到这一点似乎很难（我对此深有体会）。但是，我还是鼓励你偶尔放松一下心情。我并不是要求你改变自己的本性，而是让你停下来闻一闻玫瑰的芬芳。我们生活在一个不得即失的社会，不是全速前进、奋力拼搏就是安逸舒适地生活。为了保持长期的健康，你需要灵活地安排你的锻炼计划。

生活方式的改变

有时，生活方式的改变也会造成积极性的消退。换工作，搬家，迁到一个新的城市，生小孩，结婚，家庭重组，或者刚从严重的精神打击中恢复过来（家庭中的疾病或死亡）都会导致积极性的消退，因为你需要花费大量的精力去适应新的生活。

设计一个符合你当前精神状态的锻炼计划是有利于身心健康的好方法：你需要有一个固定的锻炼安排，而且这个安排要能满足你当前的需求，否则它们就会分散你锻炼的注意力。例如，如果你的环境发生了新变化，像得到了一个新工作，或是搬到了一个新城市，你就可以选择一些力量和协调性要求比较高的运动。

当生活环境发生了新变化，熟悉感和固定生活的缺失会将你的生活打乱。加强锻炼对你的力量、灵活性和协调性提出了挑战，只要你能将运动与你所处的特定环境联系起来，你就能增强自信。

例如，假设你现在被聘为一家公司的新经理，而前经理是一位深受尊敬和爱戴的人。这时你可以选择一些自己比较熟悉（你受雇是因为你经历丰富），但同时又对力量（如前支俯卧撑）、灵活性（如脊柱伸展）和协调性（如转体运动）有较高要求的运动，这时你可能会产生一种成就感，从而帮助你在新的岗位上感到更加强势和自信。记住，这是身心锻炼，二者的关系非常明显。

不见成效

每个人都想知道普拉提锻炼多久能见效果。答案是，立竿见影。如果你能站得更直点，收腹挺腰，肩膀放平，抬头挺胸，你就会立即焕然一新。然而，实际上你身体的每一个变化都需要花 5 到 10 个阶段的练习才能看出来。按照约翰·普拉提所说的，10 个阶段的练习你会感觉到不一样，20 个阶段的练习后你就能看出不一样来，而 30 个阶段之后别人就能看出不一样。对于那些很有耐心的人来说，练习普拉提一定会有回报的。对于这项运动来说，绝不是越努力越好或越快越好。即使是很健康的人也要从最基本的开始做。我的老师教导我说，要想正确地学习这项运动，你必须就像建摩天大楼一样。只有把基础打好打稳了，才能建造更高的建筑物。如果建得太高、太快，你的顶层高级公寓就会摇晃！虽然我们生活在一个来去匆匆的世界里，什么事情都想要立竿见影，但普拉提却是一个慢功夫，急不得。

如果你对普拉提的效果有不切实际的期待，而事实却令你大失所望，那么你就会失去动力，不知不觉中失去了积极自律的态度。这时候寻求外界的支持会比较有效。你的锻炼伙伴也许会静静地聆听你的烦恼，给予你支持。很多时候你需要的也许仅仅是一双聆听的耳朵，而你的锻炼伙伴也许还可以为你提供一些建议，帮助你重新找回积极性。一名普拉提专业人士也许还可以帮助你重新评估自己的优点和弱点，并指导你树立切合实际的目标。你也许不知道，自己有一些技术或动作影响到了健康目标的实现程度，而职业人士可以为你提供一个经验丰富的局外人的视野。

遗传和年龄是你无法决定的两个重要因素。你亲生父母对你的体重和肌肉纤维的构成影响深远。身体结构极大地影响着肌肉组织的形成和功能。这个因素反过来又会影响你练普拉提的技巧。如果它们不符合你的期望，那你的积极性又会受到影响。

至于年龄，我要说的是：时间影响着我们每一个人，而且永不停止。年龄增长造成的自然后果是肌肉组织减少，灵活性下降，脊柱和关节变得生硬，新陈代谢减慢，供应肌肉的氧气数量减少，骨质疏松。这些变化都是潜移默化的，你不可能在一天内察觉到。一般说来，在锻炼时可以让你早点察觉到这种疲惫，或者说，当锻炼结束时，你的恢复速度不如以前了。因为这个过程会使锻炼效果不尽如人意，从而产生一些郁闷情绪，进而影响积极性。

但别着急——并不全都是坏消息！饮食、睡眠习惯、压力的缓解、锻炼任务以及特殊的安排都是可以控制的重要因素。明智的选择可以完善你的健康计划。聪明巧妙地坚持健康的习惯，实事求是。当你需要客观的建议时，就寻求一下外界专业人士的指导。你完全可以依靠自己走上稳定健康的生活之路。

如果你不想锻炼

我们都会有不想锻炼的时候。意识到自己缺少积极性是很重要的。如果你的确是精神上（缺乏睡眠和休息，压力过大）和身体上（肌肉酸痛僵硬，关节疼痛甚至轻微肿胀）都很疲惫，那就别锻炼了。你可以去散散步，带着愉悦的心情走15到30分钟。不用规定距离，不必爬很陡的山，也不需要什么目标——你只需要放松心情走一走，让你的身体动起来，血液循环起来，清醒一下思维。如果你有幸住在海边或某个自然景区周围，到大自然里活动一下，凝视着大海或绿树，这些都可以让你精力充沛，达到修养的目的。即使你是在居住区里散步，但如果你能把注意力放在路边的绿树、鸟儿的鸣叫上，甚至是看一看你的邻居是如何装饰自己的庭院，你也会得到很好的放松。

重要的是，你努力地使身体动起来，这是让你恢复精神的第一步。给自己放一天假，好好放松一下，使自己在重新锻炼的时候感觉精神焕发，如此放松一下，一定会让你的精神和身体都恢复活力，精神抖擞地参加第二天的晨练。

积极态度的作用

相信自己有能力完成自己决定要做的事情具有十分重要的意义，这不仅仅有利于你的身体健康，也有利于你的精神健康。就像约翰·普拉提所说的：“身体的健康不是靠美好愿望实现的，也不能用金钱买到。”（《普拉提和米勒》，1998，6）我已经不记得有多少次，一些还处于第一练习阶段的新人跑到我这里，仅仅就是为了告诉我他们做不了这个，做不了那个，或是他们“没有腹部肌肉”，再或者是他们是“最没有协调能力的人”。我为他们有如此消极的自我认识而感到悲哀，反复重复这种自我轻视的思维模式，会严重地限制他们的潜能。在工作室里，我目睹了许多人凭着自信、自律、忘我的精神，不断提升自己。我看到，有人克服了受伤的折磨，有人刚刚生完孩子，体形大变，但却通过锻炼恢复到了原来的状态，还有人与限制身体潜能的遗传条件抗争着，我还目睹了数不清的人们通过无限的潜能和精神力量，证明了人类的潜能是无极限的。我们中的许多人将大部分时间用来试图控制我们不可能控制的事情，但是却忘了我们几乎可以完全控制我们的身体和思维。

要想达到这个目标，你必须努力实现自己的目标。完成这个身心任务可能是使你变得强大的第一步。没有人会挥着魔法棒将你变得健康、性感和富有。你必须不断努力，实现自己的目标。毕竟，一旦你获得了成功，没有人会比你更高兴！

健身室调整

如果你经常在家运动，有一间属于自己的锻炼场所是必须的。普拉提健身法的美妙之处就在于你不需要很大的地方或很花哨的健身器材。要想坚持锻炼，你真正需要的是养成每天始终如一的规律习惯，及可以在每天早晨进行锻炼的运动场所。

固定性和常规性有利于身心协调，而当实际环境也是固定或相似的，就更有利于身心的良好发展。因此，不仅你所想的（将注意力集中在运动及其执行上）和你所做的事情（就是做运动）对成功有影响，而且你所选择的锻炼场所也对其有莫大的影响。在这一章中，我将会与你分享一些关于运动场所的技巧和方法，如是否可以直接在地毯上做运动，应该选择哪些种类的道具、锻炼服装，以及怎样在锻炼时集中注意力。

你的健身场所

创建并使用自己的健身场所对坚持和享受每天的家庭锻炼非常重要。建立一个属于自己的锻炼空间会让你传递这样一个信息——你以及你的努力是非常重要的。一个令人愉快的锻炼场所离不开以下几个因素：空间、光线、温度、通风条件、干净、有序。

● 运动的空间。如果你有一间单独的房间供你运动，那你太幸运了。如果你没有单独的房间练习普拉提，那你应该有一个指定的区域来练习。即使是你家或客厅的一个角落也不错。如果可能的话尽量避免选择卧室。卧室是用来休息和睡觉的。选好了房间之后，一定要保持房间整齐。确保这个房间有足够大的空间，不至于让你在练习时打翻什么，可以让你躺在地板上，做一个雪天使。普拉提给人的感觉就是拉长和扩张，如果你在一个太过拥挤或可能让你受伤的地方锻炼，那你就不会取得什么进展。

● 光线。光线对创造正确的房间气氛有着非常重要的作用，对于你的健身场所也不例外。对于那些天还没亮就起床锻炼的人来说，选择好的光线就更加重要了。你可以考虑使用全光谱的光线，因为它与自然的太阳光最接近。光线也可以促进植物的生长——你可以在锻炼场所放一些绿色植物，以增加氧气。

● 温度。将室内温度控制在适当的范围内。对于那些天生就怕冷的人来说，可以使室内的温度高一些。我的家庭健身房与我的办公场所是同一个地方。冬天的时候，我会在使用这个房间前的 30 分钟就打开暖气，使其预热。这去除了空气中的寒气，保证我按计划完成我的家庭锻炼。如果必要的话，我会让暖气一直开着，防止锻炼时肌肉受冷，停下来后身体着凉。

对于那些天生觉得热的人来说，可以努力使房间凉爽，或打开窗户，即使在比较暖和的几个月里也要这样。只是确保自己不要着凉，在出汗的时候要尤其当心。凉爽的风吹在出了汗的皮肤上会让你暂时感到很舒服，但是从长远来看却对肌肉很不利。虽然练习普拉提通常不会出很多汗，但偶尔，天气可能会变得很暖和，你也可能通过不断的增加强度或选择一些有挑战性的运动而出汗。

● 通风条件。你已经知道了普拉提健身法是以呼吸原则和呼吸结构为基础的。因此，拥有良好的通风条件和气流可以为你提供充足、干净、清新的氧气，以最佳的技巧呼吸。你知道在茂盛的绿色树林里漫步呼吸；或是在海滩上度过一个干净、愉悦的一天；抑或是在一场大暴雨后漫步户外的感觉有多么爽吗？这是因为此时的空气里充满了负离子。负离子是一种你在某种环境下大量吸入的无色无味看不见的分子。想一想高山、瀑布和海滩。一旦这些负离子进入了你的血液中，它们就会产生生物化学反应，增加影响情绪的化学物质复合胺的含量，帮助你减轻压力，增加白天时的能量。

皮尔斯·J·霍华德（Pierce J. Howard）博士是北卡罗来纳州夏洛特市应用认知学研究中心的主任，也是《大脑应用指南：思维——大脑研究的日常应用》的作者。他指出，负离子可以增加大脑的氧数量，使人变得更机敏，不宜疲劳，精神抖擞（2006）——这些都是有效锻炼的组成部分。负离子还可以保护你免受空气中病菌的侵扰，避免吸入微粒而引起发炎，造成打喷嚏、咳嗽或咽喉肿痛。对于那些养宠物或有过敏反应的人来说，这些症状是很常见的。

因此，如果可以的话，一定要多开窗子，将外界的新鲜空气放进屋里。当然，如果天气不好，或外面温度不合适，你可以买一瓶空气清洁剂或负离子空气净化剂。我家和我的工作室都有一瓶此类净化剂，我很喜欢用它们。

● 健身时的地面。现在，我们开始向下说——取其字面意思！当然，我要说的是你脚下的地板。为了防止脊椎和骨盆受伤，地板一定要铺一块适当的垫子。许多普拉提动作都需要你脊柱着地翻滚或让你的臀骨压地。我最喜欢在铺有地毯的地面上再铺一个厚实柔软的垫子，而且这个垫子要能牢固地粘在地毯上。然而，你的健身场所可能是硬木地板或瓷砖地板，所以你需要一个格外厚的垫子。市场上现在有很多种垫子。有专门为练普拉提或瑜伽而设计的粘性垫子，厚度从1/4到1/2厘米不等。而硬度又分极硬到极软几个种类。这全看个人偏好，所以你需要亲自试一下。如果经济条件允许，你可以买两个垫子。一个方便使用的在家里用，一个薄一点、轻一点，旅行时使用。当我出外旅行时，我会带一个很薄很轻的瑜伽垫，卷起来能放进行李箱里，还可以在铺有地毯的地面上使用（通常是在旅馆房间里用），或者，如果住在朋友家里，而且其地板比较硬，我就会在上面铺一条厚毛巾。

说起毛巾，你们中有些人可能比较喜欢在地毯上铺一条大的沙滩毛巾，除此之外就什么也不铺了。还有一些人可能直接就在地毯上面运动；如果你是一个很容易出汗的人，这样做可能不太好。我不推荐在硬地板上仅铺一条毛巾。那样可能会受伤，而且毛巾很容易在瓷砖或硬木地板上打滑。无论你选择什么样的锻炼表面，一定要保证安全好用，防止锻炼的时候过多的关注于你的垫子而不是锻炼本身！

● 音乐。如果你想在锻炼时放点音乐，你可以放一个立体音响设备或一个带扬声器的mp3播放器。戴着耳机不仅繁琐而且容易分心，不太实用。当我在伦敦阿兰荷德曼工作室学习时，我们总是放一些背景音乐。通常是一些古典乐曲，偶尔也放一些歌剧。在我的健身课上，我也会放些音乐，有古典的，前卫出神舞曲（但不要太拖拉），和一些世界管弦乐风格的音乐。我在上课时不会用合音，因为我发现合音会破坏或淹没我的声音，当然，除非你在锻炼时要和自己大声说话，否则对你来说也没有什么影响。我放音乐只是把它当做背景音乐，而不是为了保持节奏。力求纯正的人也许会说音乐会让你分心，呼吸才是身体应该遵循的内部音乐。两种方法你可以都试试，看看什么最适合自己。你也许会发现，有时你希望放点音乐，有时你又不喜欢有音乐。

• 装饰。如果你有幸拥有一间属于自己的永久性健身场所，那么就按照自己最喜爱的方式来装饰它。你可以挂一些健身男明星或女明星的海报（也可以是自己），或者是挂一些能给人和谐感或让人提神的自然风光图片。将这些鼓舞人心的图片挂在自己的健身房的墙上是最好不过的。

将房间的墙壁涂上醒目的颜色也可以使你精神振奋，锻炼更加积极。我可以证明这一点：当我将我工作室的颜色由柔和的薰衣草色换成明亮的橘黄色时，其作用是显而易见的。每一个人，包括教练员和学员，都备受鼓舞——仅仅是因为颜色的改变。此外，如果你起床很早，而太阳又不能经常通过窗户将阳光洒满你住的地方，墙壁涂上比较明亮的光线，再辅以适当的灯光，就会有利于保持你的积极性。

你可以看到，我们是在努力营造一个充满美感、赏心悦目又利于运动的个人健身场所。我坚信，努力创造一个积极的环境，不仅可以使你充满满足感，而且将会让你觉得自己是在每天和自己约会。更重要的是，有了这两个因素，你会发现自己在身体上得到的回报远远大于自己所做的这一切努力。

道具和锻炼辅助

道具可以调整一项运动的难度。道具的使用可以使一项运动变得容易些，或克服各种局限性。对于那些非常健康的人来说，道具可以帮助你变换花样，改变固定不变的锻炼安排。下面列出了一些比较便宜的道具，可以帮助你确保锻炼的安全性、挑战性和创造性。我建议你将它们放进一个小篮子里或是运动包里，不用的时候可以将其利落地收起来。

• 力量带。最好有一条重一点的带子和一条中等重量的带子。当你的腿部肌肉太紧时，力量带可以帮助你伸展肌肉，提高力量运动。你也可以将其平放在下肋骨周围，增加呼吸力度。它还可以用来感受臂侧面（后面和侧面）的胸腔呼吸。由于它们很轻便，旅行时也可以带着。

• 红色橡胶米卡萨小球。直径 500 毫米的小球就可以了。米卡萨球是一个很好用的道具，当你想让腿保持平衡时，就可以将其放在脚踝或膝盖偏上的地方，帮助你锻炼到运动时的大腿内侧。

• 木钉。木钉直径 1 / 2 英寸（约 1.3 厘米），3 英尺长（1 米）。当你在耳侧或胸前伸展胳膊时可以用它，以确定胳膊的最佳位置。

• 小毛巾。将一条小毛巾放在头的下部或侧部，不仅可以使颈部处于比较舒服的直线位置上，而且在你出汗的时候拿起来也比较方便。

• 一个网球。网球可以创造无数可能性。将其放在脚踝或膝盖之上可以保持双腿平衡；站在上面可以按摩脚底；将其放在你的背下，使它在你中背部或臀部滚动。网球在旅行时也便于携带。

要把道具放得井井有条，易于拿取，确保晨练顺利进行。

• 绑在一起的两个网球。可以用一个旧袜筒将两个网球包在一起。这也可以放在脚踝处或膝盖上侧，使大腿内部绷紧。而且这比米卡萨球和单个网球更好用。把它们分别放在脊柱的两边，还可以起到按摩两侧肌肉的效果。这个在旅行时也易于携带。

• 普拉提魔幻圈。魔圈的用法和木钉类似。此外，将其放在脚踝之间或膝盖上部的内侧，可以让你将更多的注意力转移到大腿内部。如果你的魔圈有衬垫，你就可以将它放在脚踝外或膝盖上部，使外臀肌肉绷紧。

• 小枕头或靠垫。这些很有用，防止你需要在膝下或头下垫个东西。

• 健身球。根据你的身高选一个健身球：55 厘米（适合身高矮于 1.7 米的人），65 厘米（适合身高 1.7~1.8 米的人），75 厘米（适合那些身高 1.8 米以上的人）。当你坐在大小合适的球上时，你的臀部和膝盖关节都应该成 90°角。

用不用各种媒体来保持积极性是你个人的事情。现在市场上的 DVD 和录像数量多得吓人。因为这本书是为了鼓励你自己创造不同的锻炼方案，所以你可以在附近放一台可以播放 DVD 的电视，也可以不放。这要看你在哪儿锻炼。书房、密室、家里、办公室或客厅拥有电视机的可能性比较大。把电视机放在哪里能使自己坐在地板上也能看清楚是个问题。一定要确保电视屏幕所放的位置可以让自己不用扭着身子也可以看清楚。否则就可能会让你分心。

如果你锻炼的屋子里没有媒体播放器，但你有笔记本电脑，你可以用它来播放 DVD，你也许还能在电脑上放录像带。如果你觉得自己喜欢用指导性录像带，而且偶尔也能从中受到鼓励，而你锻炼的地方又没有这些媒体设备，你可以考虑买一个带 DVD 播放器的微型电视；这种设备广泛流行，而且价格也不太贵。你需要考虑好的是，这项投资是否有利于你的长远发展。

衣 着

运动服装现在已成为一个上千亿美元的行业，因此你应该不会挑不到自己需要的运动服装。上至首席服装设计师，下到各个打折店，每一个人都争着要上健身服饰这一“花车”。我建议你选一套既舒适又实用的健身服。你可以选一些护腿、短背心、短裤、运动裤、运动上衣和 T 恤衫。如果你不习惯穿贴身的运动衣，起初你觉得自己需要将身体遮起来，但如果所穿的衣服能让你看见自己身体的哪一部分在运动时是最好的。此外，紧身衣可以让你在动觉感增强时更容易感觉到自己的整体协作，如果你能坚持锻炼，就会形成这一非常重要的技能。

如果你很容易出汗，可以选择用吸汗的灯芯线做成的衣服。这种材料包含聚丙烯和其他合成物。虽然纯棉衣服会让皮肤感觉很舒服，但是一旦被汗水浸湿了就会感觉很沉，而且在快要结束时做伸展放松或躺卧放松时还可能着凉。

随着你对锻炼项目的熟练程度的增加，你可能会在更短的时间内轻松地完成锻炼项目，出更多的汗。一定不要让自己的身体和肌肉着凉，否则肌肉会变得更加僵硬。我比较喜欢分层穿衣服，因为我是一个很容易着凉的人。对于上衣，我一般在一件稍薄的长袖 T 袖内穿一件无袖的打底衫，还可能在外面套一件中等重量的运动衫。至于下半身，我喜欢穿臀部和大腿都合适的短裤或者靴裤，我不会系腰带或其他等可能给身体敏感部位增加额外压力的东西。宽松下垂的裤子乍看起来似乎更舒服，但它遮住了你的骨盆和腿，因而不利于你准确掌握身体部位。许多人在练普拉提的时候喜欢穿袜子。虽然袜子可以让你的脚部感觉暖和一点，但当你在黏着性垫子或地毯上运动时，袜子里面的脚很容易打滑。

如果你一定要穿袜子，其材料为优良棉花加莱卡的合成物比较好，每一个脚趾头都有自己固定的覆盖物。此外，脚底下还遍布细小的橡胶点，可以防止打滑。这种袜子既可以保暖，又可以使你在做一些支撑姿势和下犬式时站稳不打滑。我在工作室就穿它们，尤其是在比较冷的那几个月里更是如此。我的教练和学生都喜欢它。

3

活动肌肉

你们中的许多人都已经知道普拉提健身法可以塑造优美的姿势。然而，你也许不知道的是身体姿势怎样影响你的肌肉工作的，继而影响你取得最佳运动效果的能力。你锻炼时的姿势及肌肉位置也影响你呼吸的能力（普拉提基础）。而且，因为你已经选择早晨作为你的锻炼时间，有两个事情非常重要，即正确地做好肌肉准备工作以防受伤和酸痛，以及懂得如何加强普拉提锻炼与肌肉的协作。这为你整天的活动打下了基础。

对于刚接触普拉提的初学者们来说，这一章介绍的信息非常重要，可以为你建立正确的运动和技术基础。有了这一章的知识，你就可以事半功倍。对于那些认为自己已经很专业或经验很丰富的人来说，我仍然鼓励你们通读这一章。这样可以加深你对普拉提的理解，使你有机会对自己现在的技能作一个评估，也许还可能得到进一步的提高。所以，坐直，深呼吸，准备好了解你的身体是怎样运动和工作的。

基准线

良好的姿态会一直伴随你，无论你走到哪里或选择什么姿势。为了能使锻炼达到最好的效果，你需要知道身体的姿势线。为什么这个很重要呢？因为普拉提健身法依赖的就是水平基准的效果。当你完成的次数最少时，每一次都决定着你的效率和效果。此外，错误的姿势（由于受伤、习惯、不良的姿态意识或肌肉的不平衡造成的）会增加受伤的可能性。姿势以及基准方式决定了你的运动效果：不良的姿势会导致不良的运动方式，优良的姿势会产生更好的运动方式。普拉提可以提高你的姿势以及你的姿势意识。因此，我会告诉你一些基本的姿势对准法，使你能够对自己当前的情况进行评估。

站在一个能照到你全身的镜子前。脚尖朝前，两脚之间的距离大约是你一只脚的宽度。从正面看，你的下巴、锁骨之间的槽口、肚脐以及耻骨的中部应该在一条垂直线上。至于你的腿部，理论上说，髋关节的中部（不是你的髋骨）、膝盖骨的中部、胫骨粗隆（膝盖下胫骨顶部的骨质隆起物）以及第二个脚趾头应该在另一条垂直线上（图 3.1）。

现在侧过身来。你或许可以让一个人帮你拍一张照片，这样你的头就可以朝前，从而评估一下你的头部和颈部的位置。你的耳垂、肩峰端（肩部顶端突出来的骨头）、躯体侧线、大转子（大腿外侧顶部的比较大的骨质突出物）、膝关节侧部以及踝骨侧部的前面也应该在一条垂直线上（图 3.2）。

现在你必须要找一个人帮忙了，除非你周围的镜子可以让你看到从头到脚的完整背影。在你的头骨底部找一条垂直线，这条线将通过你的脊柱中心、尾骨及双脚之间的中点。而腿部的基准线将从坐骨到每个脚后跟的中部（图 3.3）。

这些线叫做铅垂线，是骨骼对称的表现（也可能出现不对称的现象）。它们贯穿整个骨骼标志、骨关节，使我们很容易判断是否产生了任何差异。从身体基准线我们可以看出肌肉的功能。如果肌肉所在的结构位置正确，那么肌肉就可以产生有效的运动。画有这些铅垂线的骨骼图可以帮助你观察到这些骨头是如何叠加在一起的。记住，重力的作用总是向下的，所以如果某处的骨骼不是叠加的，那么在下一个关节处必然会有弥补。

为了进一步说明叠加这个现象，可以想一下孩子们玩的堆积木游戏。如果一个木块的位置离一端太远，那么其顶上的另一个木块必然要放在相反的一端，以防止整个建筑倒塌。尽管人体不是由木块堆成的，但我们的身体在不知不觉中自动地弥补了不对称的现象；然后就会发生肌肉无法发挥其本身作用的现象，从而可能造成由其他的肌肉完成这个动作。这种循环会一直持续下去，直到有一天关

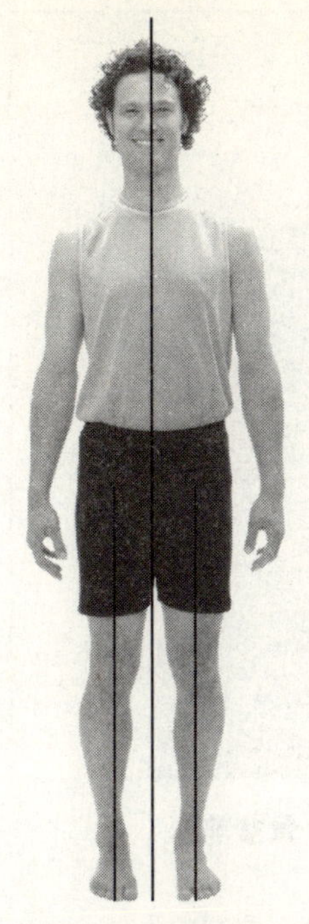

图 3.1　正确的姿势基准线，正面图。

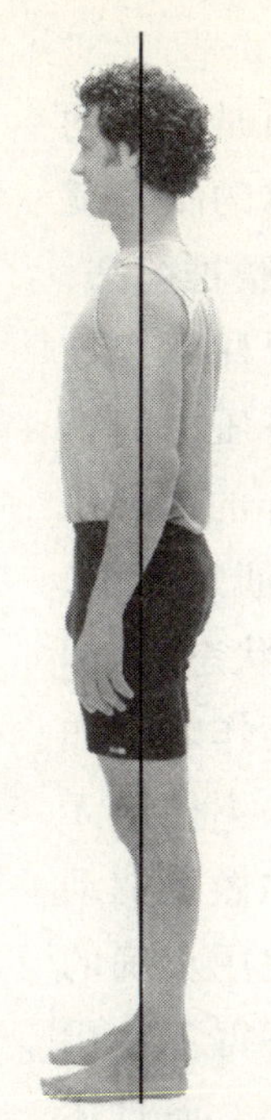

图 3.2　正确的姿势基准线，侧面图。

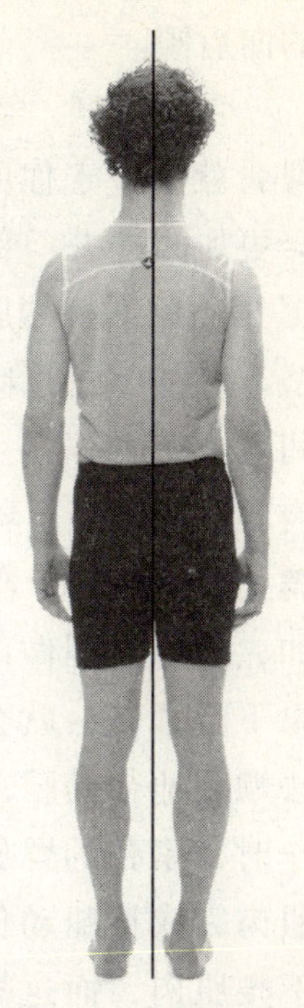

图 3.3　正确的姿势基准线，背面图。

节承受过重或拉伤，这会引起关节炎或其他问题，造成运动能力下降。

骨盆带和肩胛带的位置，以及脊柱和横膈膜是理解姿势、学会如何加强身体核心部位的主要因素。骨盆带的位置直接影响到腰椎的弯曲度，也是腿部与躯干相连的部分。肩胛带的位置对头部、颈部以及胳膊的活动有非常重要的影响。

骨盆带

骨盆带是身体的中心，下肢的冲击力（走路时对身体所造成的冲击）和上躯体的重力及其运动所造成的冲击力都在这里汇合。在这里，所有的力都被分散和转移了。理想状态下，你的骨盆就处于臀部的基准线上。也就是说，你的臀骨与你的耻骨在同一条垂直线上。你的骨盆处在这条基准线上的话，就会使你的膝盖骨和腰椎的位置保持中立状态。这里的“中立状态”就是指骨头的位置正好可以使肌肉最大程度发挥作用，而关节所受的冲击力也减轻到最小程度。

盆骨的位置对于充分发挥臀部肌肉和腿部的作用有着很重要的作用。它的位置将影响你能否完成大部分的普拉提动作，并以最小的受伤风险从中获得最大的回报。并且，因为骨盆基准线直接影响着腰椎，所以懂得如何让骨盆处于适中的位置是非常重要的。一些人的骨盆弯曲度是标准的。它们有的向前倾，有的向后倾。

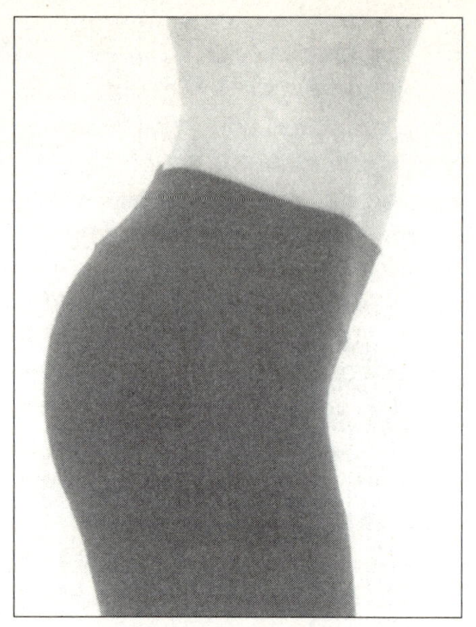

图 3.4 骨盆前倾

骨盆前倾。当你的骨盆前倾时，你的臀骨就会位于你的耻骨之前，你的腰椎就会更加凹进去，变得更加弯曲（腰椎前凸，图 3.4）。下背的肌肉短而紧，脊柱就会被挤入背部（这意味着脊柱正在挤压你的椎间盘——这不是一件好事），而你的腹部肌肉就会变得长而弱。同时，臀屈肌短而紧，髋关节长期处于弯曲状态（压迫状态）。例如，当你试图做诸如滚动翻转动作时，如果下腰紧张，就会给你屈腰带来不便，无法顺利地带动腿部翻过去。当你做双腿动作时，紧张的臀屈肌会阻碍你使用正确的肌肉完成抬腿动作，事实上你不得不使用下腰肌肉，而这样不仅效果不大，而且还可能受伤。

如果你发现自己已经有骨盆前倾现象，那么就特别注意一下向前伸展运动，这个动作会使你的臀屈肌伸展开来，是造成这种错位的原因之一。在做向前伸展运动时，尤其要避免经常弯下腰。当臀屈肌碰到它们的尾部，而你仍在尝试更进一步，就会使你的骨盆前倾更加严重。这种结果是你不想看到的！

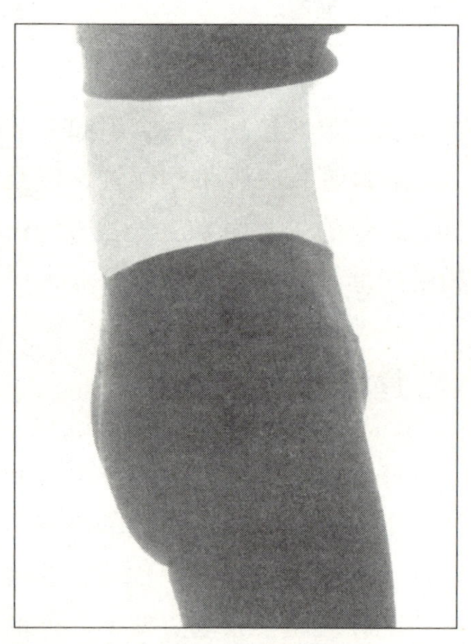

图 3.5 骨盆后倾

骨盆后倾。当你的骨盆后倾时，你会发现臀骨位于耻骨之后，下腰凸出来，或与你的背部持平（图 3.5）。下腰结构（肌肉、肌腱、骨）长期处于压迫状态，腿腱通常也会变得短而紧。臀屈肌变得长而松弛，而髋关节长期扩展会产生疼痛，因为股骨的顶部正不断地压迫胫腕的前上方。普拉提运动中有很多时候需要你坐直，如果你骨盆后倾，这时你的腿腱就会变得紧张，阻止你采取正确的姿势，从而给你的下腰造成不必要的压力。

如果你发现自己的骨盆后倾，在做腿腱伸展动作时要注意，这时一定要使骨盆的位置保持中立状态。腿腱的起始部位在坐骨上，从这里开始一直往下，止于膝盖之下。因此，你会感觉你腿背部的整条线都处于拉伸状态，还可能觉得腿腱的某一个部分拉伸尤其明显。因此一定要确保你的膝盖挺直却不固定，脚踝保持灵活，避免翘起一半屁股（通常是拉伸的一边）。

无论骨盆前倾还是后倾都会对腰椎和胫腕造成不必要的压迫，并进而影响你整个身体的运动能力。从纠正骨盆位置开始，引导身体的结构对于普拉提锻炼来说十分重要，它决定着你能否从晨练中达到事半功倍的效果。

肩胛带

如果你有点含胸，并且肩膀有点弯曲（坐着工作太久的人尤其明显），你的中腰和上腰就会凸向背部，这种现象叫做驼背。这种现象会使肩胛骨的位置偏向上腰部，影响胳膊的活动。当肩关节受到限制，你就会借助于下脊柱和你的颈部来完成活动。由于很多普拉提动作需要让胳膊在这个范围内甚至范围外活动，所以这种现象是需要纠正的。

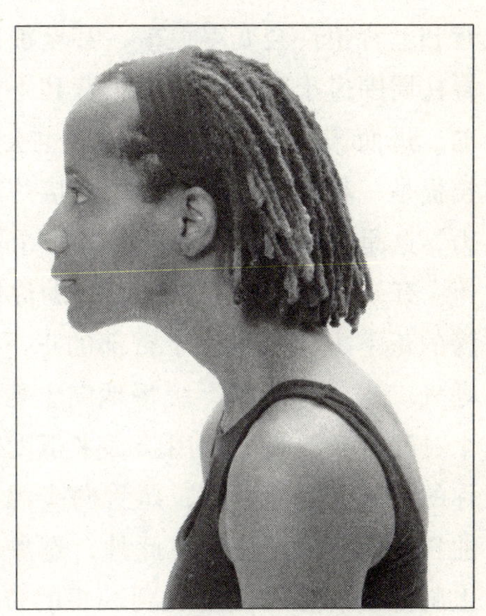

图 3.6　头部前倾

这种肩与上腰的错位还会造成另一个你不希望得到的结果，那就是头部前倾（图 3.6）。这种位置会给背部的椎骨造成很大的压迫，减弱颈部前端的肌肉。对于脊柱和颈部来说，过度的压迫从来都不是一件好事。它会对通向肩膀、肘部、腕部和手的神经造成极大的负面影响。下面介绍两种肩部错位，以及能够纠正这种错位的运动，从而使你的肩胛带在普拉提练习中保持良好的状态。

曲肩　如果你有曲肩、含胸、驼背的话，你必须做一些特殊的伸展运动，将肩部前端和胸部伸展开。此外，你应该知道自己的头部和颈部的位置。肩部的有些部位会在锻炼中伸展开来（见卷身和肩部伸展部分），但我仍然建议你另花一些时间专门伸展开这些部位，尤其当你知道了它是如何影响你的姿势时。

做胸部伸展运动时，你可以站在门下，将胳膊伸开，使之与身体成“T”型，然后在肘部弯曲 90°。将胳膊肘抵在门框上，前臂与上臂垂直，上肢慢慢地向前倾，使胸部离开门。一定要注意，不是头部向前猛伸，也不要让你的下腰过度弯曲。你应该感觉到上胸和肩膀缓慢地伸展开来。如果肌肉太紧的话，你也许会觉得肩的顶部也得到了伸展。保持这个姿势大约 1 分钟。这种伸展运动很方便，因为无论你在哪里，甚至是工作的时候你也可以做。

对于头部前倾现象，有一个非常简单的锻炼方法：站直，将你的手放在鼻子上，慢慢地将头部向后移，然后稍微上抬，使之成为一个斜面，感觉就像是你的下巴正在向后移，然后向头骨底部方向上抬。你的头部后移的距离至少有 1 英寸（大概 3 厘米）。注意一下你的头部后移了多少。从开始到你向后移动后手的位置，就是你头部前倾的距离。保持头部处于正确的位置并记住它。你也许会感到你的腹部也在用力。看你能不能一整天都保持这种意识，并不时地进行察看和纠正。

背弓前凸　另一方面，如果你练过体操、舞蹈，或接受过军事训练，你的中背和上背也许会变得很平，甚至前凸，导致你的胸部向前突出。这样会导致整个脊柱周围过于紧张，对于中背和下背尤其如此。而这种紧张又会影响横膈膜的运动，进而影响你的呼吸（曲肩也会造成同样的问题）。这种情况并不好，因为普拉提是一种主要依靠呼吸来连接腹腔内部的运动。胸腔僵硬也会影响你的呼吸能力，这是背弓前凸引起的另外一个不良影响。

有一个简单的方法可以帮助你恢复上背和中背的弧度：四肢着地，手放于肩膀的正下方，膝盖位于臀部的正下方。尽量保持脊柱位于中心位置。然后吸气，呼气。当你呼气时，缓慢地向上弯曲脊柱成猫的姿势（脊柱凸向天花板）。在这个过程中，要充分利用腹部来帮助你完成这个动作。将你的头垂下，眼睛注视着你的大腿，骨盆下移，尾骨向头部移动。保持这个姿势，深呼吸，然后慢慢地弯曲脊柱到假定的位置。此外，想象着你的背部的肩胛骨也变宽了。吸气可以使你上胸部的脊柱弯曲度达到理想的位置（凸向背部）。以这个姿势呼吸数次，然后慢慢地恢复到开始时的姿势。

因此你会发现，上躯体和肩胛带的姿势都会给你的上背和颈部造成过多的压力，影响胳膊的运动能力，引起颈部和肩部的紧张，并且还会影响你的呼吸能力。由于呼吸质量是普拉提健身法的金钥匙，所以这些姿势的重要性再怎么强调也不为过。

核心部位及其内部结构

“核心部位”最近似乎已经成了一个很流行的词语。你也许会听到一些腰疼的人说：“我知道我需要加强一下核心部位的锻炼。”或者你还会听到这样的话：“医生建议我开始做一些核心力量的锻炼。”那么，核心部位到底是什么呢？一般人都会指向身体中部，认为是腹部周围。这个答案并不完全正确。

核心部位是腰椎骨盆和臀部的复合体，那里是你的身体重心，也是控制所有活动的部位。其内部结构包括4块肌肉：横膈膜、腹横肌、多裂肌和骨盆底。总的来说，它们在腰椎和骨盆处形成了一个筒状结构，其顶部和底部可以起到支撑作用，从而保证活动的安全性。内部结构是核心部位的主要组成部分。

并不是只有腰椎骨盆复合体需要增强稳定性。肩胛带也同样如此，以保证胳膊活动的同时不会对脊柱、头部和颈部产生任何不必要的损伤。此外，为了保证胳膊的正常活动，肩关节和肩胛带周围的肌肉也需要时常加强和扩展。在这一章中，我会介绍一些锻炼前的预备活动，因此你最好对此建立一个清晰的认识，意识到它们对肌肉的重要意义。一旦你知道了你的四块核心肌肉是如何协作的，那么不仅可以帮助你避免受伤，而且还可以使你的锻炼本身更加有效。

普拉提健身法中所有的运动都由核心部位控制，所以懂得怎样运用这些稳定装置是非常重要的。加强内部结构的锻炼会让你受益匪浅，而且这些益处会相互联系、相互影响。但是在我们了解它们是怎样协作之前，最好还是先了解一下每块肌肉，因为它们通常不容易被感觉到。由于有效运动的关键在于形式和中心线，并且也受注意力的影响，所以要培养协作的技巧和时间安排的能力。这会帮你进一步了解关节的位置，有利于神经肌肉的重组（即教给你的大脑通过不同的神经通道完成同样的动作）。神经肌肉的加强和重组会增强四块核心肌肉的力量和稳定性。身体重心的动态稳定是你的最终目标，无论你是坐着、站着或走着，都离不开它的支持！

横膈膜

横膈膜也许是内部结构中最重要的部分，因为它是呼吸过程中用到的主要肌肉。如果你接触过普拉提运动，那么你会非常清楚，每一个运动似乎都有其特殊的呼吸方式。根据你的需要来改变呼吸的能力就叫做呼吸控制，这种能力需要呼吸力量、协调能力和时间控制能力。在你培养呼吸技能的同时，你的呼吸肌肉也会得到锻炼，从而提高你的锻炼质量。

强有力的呼吸系统还有一个重要的意义，那就是你每呼吸一次，都可以缓解椎间盘的压力，使你变高！个子变高后你就可以更加自由地活动脊柱。当你适当地吸气时，胸部的肋骨或中部脊柱会转动起来，辅助横膈膜下降，即转动肋骨顶端与椎骨的连接处，使每一个椎间盘所在的空间打开，其工作原理与撬棍相似。因此，仅靠呼吸，就可以增加脊柱的轴长（即脊柱长度的增加）——无需预约，也无需任何费用就可以调整你的脊柱！

椎间盘之间的空间越大，你的脊柱就会越年轻。椎间盘就像海绵一样。每一次运动都会对它们造成一定的压迫，然后理论上它们会弹回到原来的位置，恢复到比较放松的松弛状态。

当它们弹回时，会从周围的组织吸收水分，补充营养和水分。约翰·普拉提曾在他的《通过身心控制回归生命》（Return to Life Through Contrology）里提到：“如果你 30 岁时脊柱就变得僵硬而不灵活，那么你已经老了；如果你 60 岁时脊柱仍然很灵活，那么你仍然很年轻”（普拉提和米勒，1998，16）。

很明显，健康灵活且拉伸的脊柱可以让你在普拉提锻炼中活动更加灵活。为了优化呼吸系统，作为主要呼吸肌的横膈膜必须位于骨盆底的正上方。为了达到最佳的呼吸效果，生理上的基准线必须处于适当的位置上。不能慵懒，不能无精打采（例如，肩胛带位于骨盆带的正上方，脊柱的生理弯曲正常，没有变形）！因此，基准线支持呼吸，呼吸反过来也会支持基准线。

横膈膜的顶部与肺的底部相连。因此，当横膈膜收缩下降时，它会拉动肺，在负压的作用下，空气进入肺部（吸气）。当横膈膜放松时，它会上升。肺的容量就会减小，其内的空气就会被排出（呼气）。休息时的正常呼吸会使横膈膜上下活动的距离保持在 1.5 厘米左右。但当你深呼吸时，这个距离会达到 7 厘米。而要达到这个水平，你的姿势必须按照基准线分布。

普拉提的特殊之处在于将气体吸入你身体的后侧部分（背部和侧部）。在我的工作室里，我们把呼吸称为“金钥匙”。最佳的呼吸可以提高你的锻炼效果，增加血液中的氧。同时，横膈膜健康地上升和下降还可以对你体内的器官起到按摩效果。约翰·普拉提将其称之为“体内淋浴”。在《通过身心控制回归生命》一书中，他指出，要想正确的呼吸，你必须完全地吸气和呼气，努力“挤出”肺中不干净的空气分子，就像你努力挤出湿毛巾中的每一滴水一样。“体内淋浴”，或者说内部挤拧还会刺激淋巴结，有益于你的循环系统（普拉提和米勒，1998）。

经典普拉提呼吸法是用鼻子吸气，用嘴呼气。然而研究表明，利用鼻孔呼吸不仅可以让你的呼吸更加深入和充分，而且可以让气体进入肺叶的更深处，在那里，氧气交换会更加充分——这也是你需要呼吸的原因！鼻孔呼吸还会使身体释放令人快乐和冷静的荷尔蒙，如 β-内啡肽。相反，口腔呼吸会刺激身体释放“战或逃”的压力荷尔蒙，导致肋骨和胸腔变得不灵活。因此，我教给我的学生鼻腔呼吸法。我发现，对于有些人来说鼻腔呼吸法很自然，但对于有些人来说就需要一些时间来调整。你可以自己去体验一下哪种方法最适合你，但考虑一下我刚刚介绍的那些信息，你也许会更偏向于选择鼻腔呼吸法。

横膈膜与身体内的其他肌肉不同，它有自己的中央肌腱，而不必附着于骨头或其他结构上。简单来说：横膈膜是一个类似于圆屋顶型的结构，与中部和底部肋骨相连，进而与腹横肌建立联系，又通过胸骨与腰椎周围的根状结构建立联系。它非常像一个张开的雨伞，通过肋骨的运动，拉动肺底部的组织，进而将空气压进肺里。

我将会介绍一些特殊的方法，教给你如何集中注意力感受呼吸。这一点对于你能否完成本书中所介绍的各种动作非常重要，因为核心部位形成的筒状力量柱就是从呼吸开始，进入正确的轨道，并作用于骨盆和腰椎稳定器。

坐在椅子上或地板上，两腿交叉，把手以蹄铁状放于肋骨底部。大拇指位于背浮肋处，食指的侧部位于前肋骨的底部。身体尽可能地挺直。用鼻腔深吸一口气，引导气流通向你背部的拇指。感受一下下部肋骨向各个方向的扩展。

当呼气时，你会感觉到肋骨收缩到一起，你可以刻意地将其收成漏斗行，尤其注意前面，感觉就像你想将这个漏斗放于前面腰带的内侧。这样做可以将内部结构中的腹横肌活动开。呼完气后，你会觉得肋骨已经形成了一个漏斗。下次吸气时努力保持这个形状不变。躯干不要僵硬，但吸气时要避免将腹壁向外推。开始时最好照着镜子做，这样可以避免在练习时向上抬肩。当你练习时暂时不要过分地深呼吸，以便正确分离呼吸肌。

腹横肌

腹横肌也叫做 TA，位于腹部肌肉的最内层。它通过结缔组织与背部的脊柱相连，并绕躯干围成一圈，与其前面的对应物相连。你可以感觉到下腹的腹横肌就在你的臀骨内侧。当这块肌肉收缩时，就会是腰部稍微变细，下腹变平（但不是从肚脐到脊柱——比这个更靠侧一点）。它的功能就是使脊椎变硬，在胳膊、腿和躯干运动之前稳定椎间盘。这个功能是通过拉动结缔组织来完成的。产生的收缩是一种拉力，感觉上很轻微，是由于动用结缔组织而产生的一种紧张感。这种收缩的感觉总是比你想象中的轻微！对于那些正确使用稳定和恢复技术的人来说，腹横肌一整天都会处于一种低水平的频繁活动状态。

最后，你需要采用许多不同的姿势来恢复这部分肌肉，如侧躺、坐下、站着、四肢着地伏在地上、面朝下俯卧，面朝上仰卧。目前，先试着怎样以面朝上的姿势找到这块肌肉。我发现找到它的最简单方法就是深呼吸。将食指和中指的指肚放在臀骨最突出的部分，然后向肚脐方向移动大概 4 厘米。仰面躺下，膝盖弯曲，脚平放在地面上。深呼吸，然后缓缓地呼出，直到你觉得自己的手指似乎被吸进腹部去了。不要强迫肌肉收缩。因为腹横肌是帮助你排出体内气体的一块重要的呼吸肌，它会自动收缩。如果下腹鼓起来了，活动的就是另外一块肌肉，很可能你在不知不觉中替换成了斜纹肌。再强调一次，这种收缩比你想象中的要小许多。试着感觉一下组织被拉开或伸开变平的感觉。你可以想象着用塑料膜将碗包起来时的感觉。

正确的 TA 恢复可以将深层腹壁调动起来，并帮助你学会如何有效地稳定椎间盘。如果不能充分利用这部分结构，你将会与普拉提中最重要的部分失之交臂，并很容易受伤。你可以按照以下规则有效地锻炼 TA：

- 确保最初的收缩是独立的（没有被其他肌肉替代）。
- 有控制地、慢慢地开始收缩。
- 不要太用力。
- 正常呼吸。
- 不要为了感受这块锻炼中的肌肉而挤压屁股或用下脊柱平躺在地板上。
- 当你锻炼的时候不能让腹部鼓起来。

TA 的独立是神经肌肉重组的一部分。这是一个过程，而不是结果；就像生命是一段旅程，而不是目的地。因此，换句话说：锻炼时要慢，要集中精力，有目的、有意识地进行，使这项技能的培养会随着之后的锻炼或运动选择而不断加强。

即使是经验丰富的普拉提练习者，其中包括我的一些同事，也没有掌握正确的 TA 恢复法。所以如果你刚开始时发现自己找到的一直都是腹斜肌和腹横肌的话，不必感到沮丧。你可以在不锻炼的时候试着接触一下腹横肌，例如，驾车的时候、在百货商店排队的时候、坐着的时候或电话聊天的时候都可以。这样，通过有意识的去感触它就可以使 TA 在无意识的锻炼中变得更加强壮、更容易辨别。

多裂肌

多裂肌是身体深处的背部肌肉。它是竖脊肌群的一部分，位于脊柱中部的椎骨附近和荐骨（骨盆带后部的楔形骨）的后表面。其外面裹着一层结缔组织。这层结缔组织叫做筋膜，当多裂肌收缩时它就会变紧。这种增加的紧张度会顶住骨盆的后部。多裂肌和腹横肌一起，构成了内部结构的第三个组成部分。

在普拉提练习中，与我们关系最密切的是多裂肌的荐骨部分。要使多裂肌的荐骨发挥作用，必须确保荐骨的位置正确。这就意味着荐骨必须位于两块后盆骨（髂骨）中间，这个位置也叫做荐骨底（其楔形形状就像一个下指的箭头），稍微向前弯曲，处于盆骨的正中间，既不偏其前，也不偏其后。如果骨盆不是在正中间的话，那么就绝不会刺激荐骨多裂肌，你的骨盆带的后部也不会得到来自这部分的支持作用。工作中的荐骨多裂肌是很难感觉到的，因此我希望能帮助你找到它，并与之建立联系。

试试以下方法：

1. 坐下来，上身挺直。用你意识中的一只眼睛在背部的中心找一个参照点，另一只眼睛则看着荐骨的顶部（在两个骶髂关节的中点，你可以在荐骨底部的任意一边感觉到这两个骨质突点）。想着你的体重均匀地落在两块坐骨的两侧，前后也是一样。现在，当你呼气并与 TA 建立连接时，想象着从背部中心划向荐骨底部，然后再从荐骨底部划向背部中心。但实际上不要让自己的骨骼结构移动。看看你是否能感觉到荐骨甚至脊柱上部有刺激感。这是因为多裂肌在轻微地运动。

2. 像刚才一样，坐直，体重均匀地落在骨盆上。想象着有个人抓住了你后面的腰带，并慢慢地向上拉。再强调一次，不要移动你的骨骼。这时在脊柱周围，尤其是在荐骨部位，你会有轻微的感觉，这就是你的多裂肌。

不能用通常感受肌肉收缩的方法来感受这块肌肉的收缩。你碰它时它不会变硬。实际上，如果你将手指轻轻地放在荐骨的表面上，你也许会感觉到这个组织在“膨胀”。当荐骨收缩的时候，你把手指放在它的表面，你会觉得它很像一个成熟了的鳄梨，而你正在测试它的成熟。记住，确定这块肌肉的位置或感受到它非常不容易，所以如果你不能马上与它建立联系，千万别有挫折感。

骨盆底

骨盆底是由一个圆丘状的肌肉系统组成的，前部与耻骨相连骨盆底由三块肌肉组成，但鉴于本书的目的，我们将主要介绍一下离前部和耻骨最近的部分，因为它与 TA 的联系最为紧密。骨盆底被认为是骨盆的横膈膜，也可能被比作是内部结构这个圆柱体的底盖。这个圆柱体的顶端是横膈膜，而 TA 和多裂肌则构成了这个圆柱体的柱状部分。在普拉提的练习中，两个横膈膜的位置对于呼吸、稳定和运动等能否发挥最佳功能和表现起着重要的作用。

骨盆底的功能是支撑和控制内部器官。记住，当你吸气时，横膈膜下降，使内部器官也向下移动，压迫在骨盆底上。因此，这个肌肉系统必须有足够的弹力，在吸气时，调整下降的器官重量，呼气时再弹回原状。骨盆底对所有运动的支撑作用是通过它与 TA 的束状连接完成的，既需要力量也需要灵活性。

每一个骨盆底肌肉的功能必须平衡，这样才能充分地稳定你的腰腹部分。因此，你不仅要知道骨盆底并能够与之建立联系，而且还要能够特别地与其前部建立联系。为什么呢？在不涉及太多的解剖学知识的前提下，可以这样解释：骨盆底的前部通过束状结构与 TA 相连。当你刺激骨盆底前端时，也会加深 TA 的收缩。当骨盆底的后部过度紧张时，你的臀部和直肠也会受到牵连，此时你的骨盆很可能向后倾斜，从而偏离了它的中心位置，也导致了荐骨错位。这回导致多裂肌刺激和支持荐骨后部的功能消失。为了能使内部结构发挥最大功能，从所有的普拉提运动中得到最大的益处，就必须让内部结构的四部分协调作用。

要想专门加强神经肌与骨盆底的联系，可以试一下这个练习方法：坐在地板或椅子上，上身挺直。把骨盆底想象成一个连接尾骨与右侧坐骨的菱形弹床，右侧坐骨与右侧的耻骨相连。而尾骨与左侧坐骨相连，左侧坐骨又与左侧的耻骨相连。这四个关节固定了你的骨盆弹床。吸气，当你呼气时，想象着这个弹床在向上移动，就像你在它的中心跳了一下，而它正把你向上弹起来。你要主动地运用这些肌肉，而最常用的方法就是收缩并保持你停止小便时所用到的肌肉。在掌握了与骨盆底建立联系的方法后，你要努力延长这种联系的时间——开始时肌肉收缩的时间可以保持 1~5 秒钟，随后努力延长到 10~20 秒钟。确保收缩的时候保持呼吸！

你现在知道了怎样感知和联系 TA，也知道了内部结构的这两部分是如何相互联系的。现在，让我们回到分离利用呼吸与 TA 联系的感觉的练习，并增加一些关于骨盆弹床的运动，使这两部分的锻炼同时进行。随着这两部分力量的增加和你对这两部分意识的增强，你会开始注意到其中的一部分是怎样刺激另一部分的。这种特别的联系需要时间来不断增强其力量和技术，具有一定的挑战性。然而，如果你加强练习就一定可以做到，而你将会与内部结构建立一种更加深刻、更加完整的联系，锻炼的效果也会更加有效。

虽然具有一定的挑战性，但加强骨盆底锻炼的美妙之处就在于你可以随时随地的进行锻炼——而且没有人会知道你在锻炼！事实上，我建议你每天要尽可能多地锻炼骨盆底。当你在百货店里排队的时候，或是散步的时候，或是按照这本书进行锻炼的时候，都可以进行你的骨盆底锻炼。骨盆底肌肉收缩锻炼越频繁，这块肌肉就会变得越强壮。而你不仅会注意它的收缩及其与骨盆底的联系，而且会更加深刻地意识到它对 TA 的刺激作用。这种意识对于提高普拉提锻炼的效果具有重要作用。

姿势与内部结构的关系

现在你知道了位置与内部结构对你锻炼的作用，也知道了怎样利用每一部分来增强你的锻炼效果，发挥你最大的潜能。然而，还有一个问题：姿势和内部结构是如何一起发挥作用的？当它们都出于最佳状态时，晨练的效果和效率才可以达到一个新的水平。最佳的姿势可以为锻炼神经肌肉的效率提供最有利的条件（例如，大脑如何通过神经系统向肌肉传达指令）。正确姿势的动态稳定（无论是在重力作用下静止或移动）可以使身体弥补某个关节、某个平面和某个时间段内的重力影响，地面反作用力及动量（协调和时间的掌握）。例如，当你走在路上时，脚突然被绊了一下，但你可以凭借这种稳定性使自己免于摔倒。

核心部位的肌肉系统是一个完整的保护结构，它可以使脊柱在运动和活动中免于受伤。核心稳定性的训练目标是增加腰椎骨盆复合体的力量和肌肉耐性，优化神经肌肉的控制。神经肌肉的控制力和稳定力越大，身体的生物机械效果越好。我曾经说过，在这里我再重述一下：姿势及其调整指挥运动。神经肌肉系统功能欠佳，就会导致运动中动用不适当的肌肉，从而导致较差的运动效果，增加受伤的可能性，加剧不良的姿势习惯。

热身准备

现在你已经知道了正确的姿势，也与核心部位建立了联系，可以更好的呼吸，并知道怎样协调地移动身体，那我们就进入普拉提锻炼前的热身部分吧！我们中的大部分人不会一起床就完全投入到晨练中去。早晨是一个人头脑比较清醒的时候，但我们的身体可能会有点僵硬。因此，进行一些提高身体温度，润滑关节，加快循环系统的间歇活动也许是很有益的。

轻微的热身益处包括以下几点：

- 加快组织中血液的活动，提高肌肉温度，使你的肌肉更加灵活。
- 肌肉中血液的增加，可以输送更多的氧和营养物质。
- 为肌肉伸展做准备。
- 为增加心脏活动做准备。
- 为接下来的运动做好精神准备。
- 使神经—肌肉通道为运动做好准备。

下面任意一种普拉提热身运动都不错，甚至在锻炼的时候，你也可以做一下这些运动，从而保持锻炼的新鲜感和挑战性：适当地行进、在迷你弹床上跳、骑一会儿固定自行车、沿着街道散散步（新鲜的空气是额外的犒赏）、跳绳、经典的有氧运动、拜日式瑜伽等。我们都喜欢习惯性的练习方式，但是每次选择不同的热身运动可以帮助你维持积极性，并消耗掉一些额外的热量。

和锻炼伙伴一起来一个热身散步可以让你的锻炼计划丰富多彩，并使你保持较高的积极性。

我建议你在正式锻炼前最少热身 5 分钟。如果你某个早晨觉得身体很僵硬，那就活动时间稍微延长一点，强度可以小一点，这比短时间高强度的热身准备好多了。如果你还觉得酸痛，那这个建议就更适合你了。很显然，用多长时间锻炼和热身是由你的时间安排紧不紧决定的。确保合理地安排热身与普拉提练习的时间，避免结束时身体还没有伸展开。

早晨时所有的热身运动效果都差不多，但是记住热身运动只是为了热身。开始时的强度不宜过大，循序渐进地慢慢增加强度。确保所有的主要关节（如脊柱、脚踝和脚、膝盖和臀部、肩膀、胳膊和颈部）都在运动范围内活动，同时提高身体的温度。你应该能感觉到体温的上升。

当然，如果你时间充裕，可以进行时间较长的热身活动，或者你将一些心脏血管练习也放入自己全面锻炼的计划内，你可以在练普拉提之前跑长跑或骑自行车。如果你确实这样做了，那在开始垫上锻炼前要适当地凉快一下。如果你出了很多汗，最好换上干一点的衣服，避免肌肉着凉。如果你的头发和头皮很湿，那就用毛巾把它们擦得尽可能干。你已经知道了水分的重要性——即使不运动你都会丢失一些水分。因此，在开始练普拉提之前最好喝一杯水，在锻炼的时候也要把水放在附近，以便于随时喝一口。

适应性是运动界中的人们熟知的一种现象，意思就是如果你以同样的方式、同样的顺序、同样的速度等做相同的锻炼，你的身体就会学会适应，并很快知道怎样用最少的力气做同样多的锻炼。你的思维也会变得迟缓。为你的训练项目适当地增添一些运动压力会有助于提高你的运动效果。因此，我建议你最少两个星期换一次热身运动，防止你的身体和思维感到厌烦。

运动过度怎么办?

运动过后的你应该感到很兴奋。恰当的运动可以增强你的体力，令你精神焕发。然而，你可能偶尔感到肌肉酸痛。如果你增加了锻炼的强度和时间，或者经过一个小休整后重新开始锻炼，肌肉酸痛是正常的。在锻炼后的 24~48 小时内，肌肉经常会有些不舒服。最好的应对之策就是稍微调整一下你的锻炼计划，增加一些伸展运动。

要调整锻炼内容，我的建议是，抽出一天或两天的时间，将热身运动稍微延长一点，同时减小普拉提的练习强度（例如，你可以减轻强度、或缩短时间、或二者同时进行）。一定要喝足够多的水，冲洗掉体内的乳酸集结（运动的一种副产品，堆集在肌肉里的一种化学物质），因为乳酸集结会造成肌肉过度酸痛。在锻炼前后洗一个热水澡，或做一个含有泻盐的热水浸浴，或者做一个按摩都会有利于减轻肌肉的酸痛感。

有时疼痛或不舒服会很麻烦，预示着更严重的问题。下面是一些来自美国运动协会主要运动生理学家塞德柯·伯瑞特（Cedric Bryant）医生的指导，帮助你判断你所经历的痛苦是否需要停止运动或进行医疗。

- 关节不舒服或疼痛。任何程度的关节疼痛都不能忽视。脚踝、膝关节、肘部或手腕的疼痛尤其应该注意；这些关节没有被肌肉包围，因此很少会与肌肉有关。

- 局部的疼痛或不舒服。如果某个特殊部位疼痛，很可能是一些受伤的前期征兆。如果身体同一个部位的反面不疼的话，你需要去看一下医生。

- 持续的疼痛或不舒服。如果疼痛持续超过两周或变得更加严重，就要看一下医生了。如果标准的治疗方法对疼痛也不起作用就特别严重了（例如，休息、冰敷或非处方药物治疗）。

- 疼痛处或周围肿胀。肿胀是受伤的典型表现，千万不能忽略。关节处或其周围肿胀而引起的疼痛和僵硬是不常见的。

- 你正常的锻炼被打断。疼痛打乱了你的睡眠习惯，或是干扰了你的工作或日常活动，说明你的问题已经很严重了。

总的来说，避免带痛锻炼。疼痛是身体与我们交流的一种方式，告诉我们出现了问题或受了伤。你能否判别你的精神和身体状态则是身心交流意识的另一个步骤。

按照时间和强度锻炼

4

初级锻炼

20 分钟初级锻炼

对于那些刚开始学习普拉提，病愈抑或休息后重新开始锻炼，某段时间没有时间或精神不振的人们来说，20 分钟初级锻炼是很不错的选择。这个锻炼会让你的脊柱弯曲度、腹部以及背部力量都得到充分的锻炼，同时还对你的腿部和上身具有一定的挑战性。当你不喜欢运动的时候就做这个锻炼吧，你会感觉不错。

1

桥式

5 次·68 页

2

核心稳定式

6 次呼吸·52 页

- 以相同的姿势开始

3

转臂式

6 次·63 页

- 腿部并拢，胳膊向两侧伸展成 T 型

4

力量辅助式

6 次·70 页

- 正身

5

双臂交叉转动脊柱

6 次·84 页

- 双臂交叉，腿交叉，膝盖弯曲

6

单腿伸展式

6 次·81 页

- 慢慢躺下成仰卧状

7

双手和单膝撑地式

每侧 1 分钟·64 页

- 起身，双脚分开，后退一步撑地

8

慢泳式

5 次·83 页

- 下肢撑地，卧到地板上

9

屈单腿后踢

6 次·80 页

- 上身抬起，屈肘，成眼镜蛇状

10

膝式俯卧撑

5 到 10 次·64 页

- 手和膝盖撑地

11

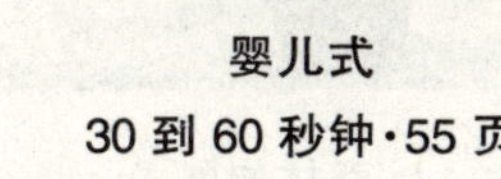

婴儿式

30 到 60 秒钟·55 页

- 坐回来

40 分钟初级锻炼

40 分钟初级锻炼适合于那些已经具备了一些耐力和毅力，并拥有足够的体力可以支撑两个 20 分钟初级锻炼的人。同时也适合于那些虽然坚持锻炼，但却由于睡眠不足、压力过大、旅行或疾病等原因而感到有些疲劳的人们。也许你最近有点锻炼过度，虽然仍然希望继续锻炼，但想减轻一下锻炼强度。这种运动中有更多关于平衡（翻滚，平衡摆）和协调（协调、坐式伸展）的锻炼，对身体的控制要求更进一步了。

1

桥式

5 次·68 页

2

核心稳步定式

6 次呼吸·52 页

- 以同样的姿势开始

3

转臂式

6 次·63 页

- 腿部并拢，双臂向两侧伸展成 T 型

4

力量辅助式

6 次·70 页

- 仰卧，正身

5

脊柱伸展式

6 次·86 页

- 最后一次运动后坐正

6

双臂交叉转动脊柱

6 次·84 页

- 以同样的姿势开始

7

臂撑坐式脊柱伸展式

5 次呼吸·77 页

- 把双手放在身后

8

单腿伸展式

8 次·81 页

- 躺到地板上

9

协调式

6 次·56 页

- 双腿伸向天花板方向

10

滚式

5 次·71 页

- 坐起来

11

平衡式

5 次呼吸·53 页

- 伸直腿，抓住脚踝

12

坐式伸展

6 套·75 页

- 将脚放回地上，张开双臂

13

双手和单膝撑地式

每侧 1 分钟·66 页

- 双脚分叉，后退一步撑地

14

慢箭式

6 次·82 页

- 下肢撑地，卧到地板上

15

天鹅式

6 套·87 页

- 手在侧撑地

16

屈单腿后踢

6 次·80 页

- 上身抬起，屈肘，成眼镜蛇状

17

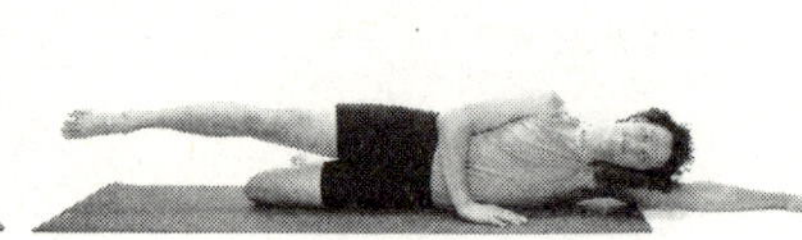

侧踢式

8 次呼吸·79 页

- 身体滚向一边，侧躺

18

肩部桥式

8 次呼吸·78 页

- 肩、脚撑地

19

利用力量带伸展肌腱和大腿内侧

坚持 30 到 60 秒钟·62 页

- 从相同的姿势开始

20

坐式“4”字伸展

保持 30 到 60 秒·59 页

- 以相同的姿势开始

21

尸式

坚持 3 分钟·57 页

- 从同一个姿势开始

60分钟初级锻炼是为那些坚持锻炼，并可以为其投入一个小时的人而设计的。锻炼的强度仍然不大，因此，如果你的睡眠时间不太足，或者你刚开始练习普拉提，又或者你想减小练习的难度，那么这个锻炼选择非常适合你。它的内容很全面，包括一些可以使你一整天都精力旺盛的伸展运动！

1

桥式

5次·68页

2

核心稳定式

6次呼吸·52页

- 以同样的姿势开始

3

钟摆式

5次·69页

- 将腿伸向天花板，双臂伸展成T型

4

转肩起坐式

8次·73页

- 起身回到坐立姿势

5

肘部伸展脊柱转动式

8次·85页

- 最后一次运动后保持坐立姿势

6

脊柱伸展式

6次·86页

- 从同样的姿势开始

7

滚式

6次·71页

- 向胸部收腿，双臂抱住腿

8

屈腿滚动式

6次·61页

- 屈膝，小腿张开成V型，轻轻抱住小腿肚

9

坐式伸展

6次·75页

- 双臂张开，腿伸直

10

单腿伸展式

8 次·81 页

- 躺下，屈单膝

11

协调式

8 次·56 页

- 双臂伸向天花板

12

腿绕圈式

每个方向 5 圈·65 页

- 单腿画圈

13

单膝跪式

每侧 30 到 60 秒·67 页

- 单膝单脚支地

14

慢箭式

6 次·82 页

- 下肢撑地，俯卧在地面上

15

屈单腿后踢

6 次·80 页

- 屈肘弯曲，上体抬起，成眼镜蛇状

16

猫式

4 次·54 页

- 用膝盖和双手支地

17

利用力量带双腿踢

6 次·58 页

- 俯卧

18

猫式

2 次·54 页

- 手和膝盖支地

19

慢泳式

5 次·83 页

- 脸朝下，俯卧

20

坐式肩部伸展

6 次·76 页

- 用手和膝盖力量帮助自己坐直

21

前俯卧撑

6 次呼吸、5 次腿踢（可选）·60 页

- 四肢撑地

22

侧踢式

每侧 5 次·79 页

- 侧躺

23

犁式

4 次开腿，4 次闭腿·72 页

- 背着地仰躺

24

坐式“4”字伸展

保持 30 到 60 秒钟·59 页

- 屈膝，脚平放在地板上

25

借用力量带伸展肌腱和大腿内侧

坚持 30~60 秒钟·62 页

- 双腿伸展

核心稳定式

仰卧，将双脚平放在地板上（1），或者脚离地，将膝盖弯曲 90°，脚踝交叉，膝盖在臀部正上方分开。膝盖弯曲，脚跟和坐骨成一条直线。将胳膊放在身体两侧，掌心向下。在大腿内侧放一块卷起来的毛巾或小球。吸气。当你呼气时，上体向前抬起，在 T 点（位于胸骨最下面的脊柱正后方）处停住，胳膊向脚的方向伸展，并保持与地面平行（2）。吸气持续 3 秒钟，呼气持续 4 秒钟，如此重复 6 次。第七次吸气。然后当你呼气时，用腹部的力量慢慢地将上体恢复到开始时的姿势。在整个练习中，骨盆保持正中位置。

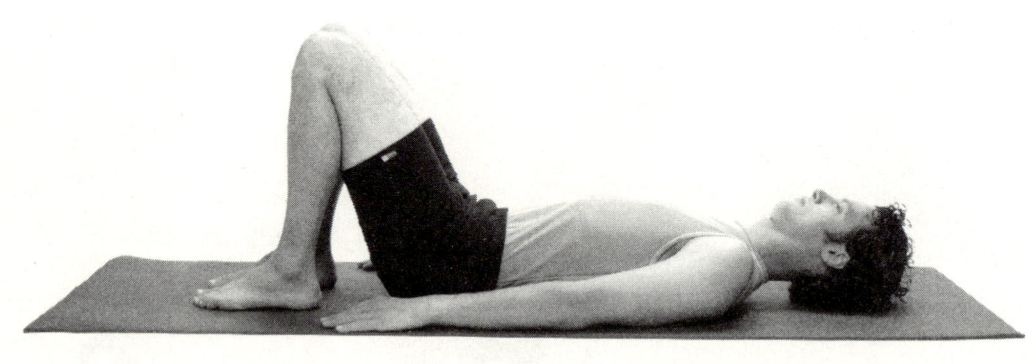

1

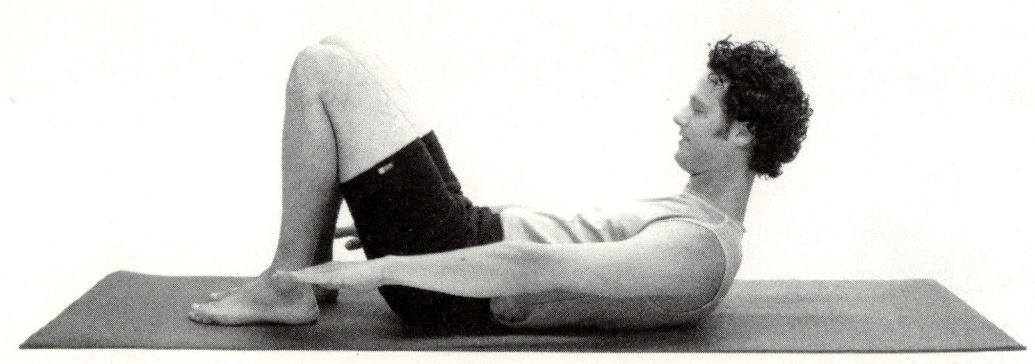

2

腿部伸直，两腿间距与肩同宽，手抓住脚踝的顶部，只用尾骨的后部支地，保持平衡（1）。胳膊伸直，脚尖稍绷紧，脊柱微屈。完整呼吸5次。用内部结构和肩胛带稳定组织帮你保持平衡。如果肌腱有问题，可以屈膝，使小腿与地面平行，用前臂轻轻抱住小腿肚（2）。

猫式

四肢撑地，手位于肩部的正下方，膝盖则位于臀部的正下方（1）。保持骨盆位置正中，肩胛带稳定。头部、颈部和脊柱成一条直线。吸气。当你呼气时，开始收缩深层腹肌，稍微弯曲脊柱，成弓状，使脊柱弯曲朝向天花板（2）。吸气。当你呼气时，开始运动脊骨，使身体由弓形变为伸展的曲形（3）。无论是弓形还是曲形，都要保证避免用肩胛骨稳定组织将肩胛带下降到腰部，而使肩膀隆起。要让呼吸带动运动，就像波浪经过脊柱一样。避免锻炼过度。这个运动可以缓解身体积累的紧张感。重复 4 ~ 5 次。

1

2

3

婴儿式

脸朝下跪于地上，臀部靠在后脚跟上，大腿打开，与胸部相贴。手可以放在臀部两侧，手心向上，也可以放在头部两侧，手心向下。如果你的臀部无法靠在脚跟上，可以在脚跟上放一个靠枕或卷起来的毛巾，直到你的臀部可以靠上去为止。保持正常呼吸。

协调式

仰卧，膝盖弯曲，小腿与地面平行，两腿并拢，脚尖稍微挺直（1）。胳膊伸直，与地面垂直。吸气。当你呼气时，同时伸腿，使之与地面成45°，胳膊下压，放于臀部两侧，上身向前弯曲（2），当你吸气时，胳膊分开，但不能比肩宽（3），呼气时再恢复到开始时的姿势，上体着地（4）。

仰卧于地上，胳膊放在离身体远一点的地方，手心向上。脚稍微分开，并自然地放松。闭上眼睛和嘴，放松下巴，随着每一次呼吸，慢慢地放松你的脸部和嘴角，舒展眉头。将紧张感慢慢地驱逐出身体，就像沙子从沙漏里慢慢漏下来一样，呼吸要慢而稳。深深地吸一大口气，然后呼出。

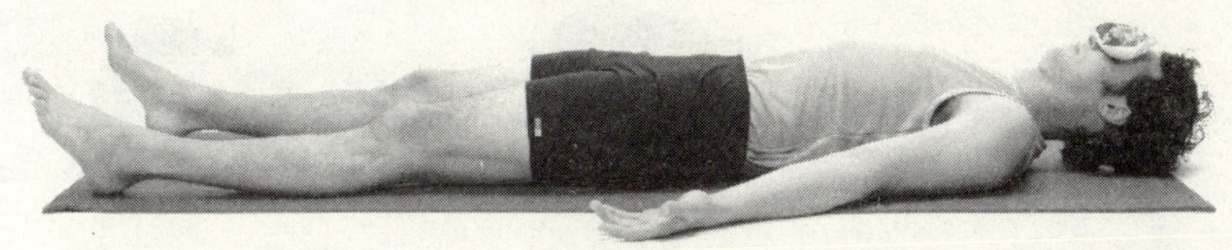

利用力量带双腿踢

脸朝下俯卧，腿并拢，胳膊放于背后，肘部弯曲，双手握住力量带，放于下腰处(1)。双手的距离与腰同宽，肘部放在地板上。将头转向一侧。当你吸气时，屈膝，脚向屁股踢 3 次 (2)。当你呼气时，胳膊向背后伸直，手掌向内。腿尽量向远方伸，并稍微离开地面，整个上体也抬起来 (3)。避免过度弯曲颈部。当你回到开始时的姿势时，将头转向相反的方向。再吸气时，重复向臀部踢腿的动作。确保你的肘部再一次放到地板上。

注意：有的人肘部可以完全落到地板上，但有的人却不能。紧张的肩胛带外部旋转肌也许会阻止你完成这个姿势。不要强迫将肘部按在地上。

仰卧于地上，右脚踝搭在左腿膝盖的侧上方，并使右脚踝骨的外侧位于左大腿的外侧，而右膝盖则朝向右边。双手握住左大腿，并用右胳膊肘向右顶你的右膝盖，加大伸展力度。骨盆保持中立位置。如果你臀部的外侧回转筋过于紧张，使你无法舒服地握住大腿，你可以用一个皮带拴在大腿上。在确保坚持至少 30 秒钟后换另一侧。

前俯卧撑

四肢撑地（1）。将臀部前移，使身体的大部分重量都落在上半身。你的臀部应与头部、肩部、膝盖在一条中斜线上。或者你也可以膝盖着地、脚踝在空中交叉，抑或让小腿和脚尖落地。将肩胛骨稳定组织、内部结构和下臀利用起来。维持这个动作，并深呼吸 6 次。你也可以努力呼吸 10 次。要感到身体的重量被分散到全身。为了增加挑战性，你可以加上踢腿动作（2）。吸气。当你呼气时，将整条腿向上踢两次，只要保证整个上体和另一条起支撑作用的腿在一条直线，并且保证骨盆稳定就可以了。当你吸气时，腿下降。另一条腿也重复这个动作。

1

2

膝盖弯曲，腿分开，与肩同宽，前臂或手轻轻抱住小腿肚，小腿与地面平行，只用尾骨的前端着地，保持身体平衡（1）。轻轻地绷紧脚尖，稍微弯曲脊柱。吸气，伸长脊柱。当你呼气时，收紧腹肌，使身体向后滚，上背着地（2）。继续呼气，并恢复到开始时的姿势。脊柱稍微弯曲，保证滚动时身体平衡。利用腹肌（通过呼吸）帮助身体滚回来，并在开始的位置停住。不能一直滚到脖子处。

这个锻炼不适合那些患有胸部骨质疏松和颈部问题的人。

1

2

利用力量带伸展肌腱和大腿内侧

肌腱：仰卧，左腿弯曲，左脚平放于地上（1）。右腿向天花板方向伸展，脚上挂一根皮带，双手握住皮带的两端，肘部放在地板上，脚踝会因为皮带的力量而弯曲。骨盆的弯曲度处于中立状态。保持这个姿势 30～60 秒钟，然后换另一条腿。大腿内侧：开始时的姿势和肌腱锻炼一样，但要把腿向身体一侧拉伸，并且避免身体滚向一侧或骨盆翘起（2）。保持这姿势 30～60 秒钟，然后换另一条腿。

1

2

仰卧，双腿并拢，脚平放在地板上。将胳膊向两侧伸开成字母“T”（1），如果将其放在身体两侧将更具挑战性。为了舒服起见，你可以在头下垫一个小枕头。吸气。当你呼气时，将臀部滚向一侧，并同时夹紧两腿（2）。从斜纹肌开始，引导臀部转动，而不能靠膝关节的两边转动来带动臀部。吸气，并将臀部和腿部恢复到开始时的姿势。然后向另一侧重复同样的动作。要注意保持上体不动。如果颈部没有扭伤，头部可能会与膝盖的转动方向相反。如果想挑战呼吸力量，可以将呼吸的顺序颠倒。

1

2

膝式俯卧撑

脸朝下，以改良的姿势支地，胳膊要放于肩部的正下方，并与地面垂直（1）。膝盖弯曲，脚踝交叉。头部、颈部、肩部、骨盆和膝盖成一条直线。吸气，肘部弯曲，使身体下降（2）。当你呼气时，胳膊用力恢复到开始时的姿势。将运动的力量分散于整个身体，并确保骨盆位置处于中心位置，头部、颈部和脊柱在一条直线上。

其他选择：保持这姿势，深呼吸 5 ~ 10 次。

1

2

仰卧于地上，一条腿放于地上，脚踝弯曲，另一条腿向天花板方向伸展，并与胫腕垂直，脚尖稍微绷直（1）。胳膊向两侧伸展成T型，也可以将其放于体侧，增加难度。吸气、呼气，并同时小心地调动身体和骨盆到合适的位置。当你再次吸气时，将空中的那条腿稍微越过身体的中线，而身体其余部分保持稳定（2）。呼气，腿继续下绕（3），然后向侧面转（4），最后回到开始时的姿势。由内向外转5圈，然后再由外向内转5次。确保腿在绕着胫腕转圈时，骨盆处于适当的位置。如果肌腱太紧，可以在移动腿的时候将膝盖弯一下。如果你感到下腰很紧张，可以屈一下地上那条腿，并将脚平放于地上。

双手和单膝撑地式

以跪姿开始，一只脚向前迈一步，另一只仍放在后面。躯体向前俯，直到你觉得后面的那条腿的髋关节和大腿顶端得到了拉伸。将手放在前脚的两端。后退膝盖着地，脚背朝下。这个姿势可以伸展臀部屈肌和大腿上部（四头肌）。确保你的骨盆与两个坐骨在一条直线上。换另一侧。开始锻炼内部结构。

双膝跪于地上，一条腿向前跨一步，另一条腿放于身后（1）。身体向前倾，直到你后面的那条腿的髋关节前段和大腿顶端感到紧张为止。双手放于前脚两侧。后膝盖和后脚背着地。保持着个姿势，以伸展髋关节和大腿上部（四头肌）。在坚持 45 ~ 60 秒钟后，将手放在臀部，上体挺直，增加伸展效果（2）。然后再坚持 45 ~ 60 秒钟。换另一侧。确保骨盆与髋骨在一条线上。内部结构动起来！

1

2

桥式

仰卧，脚平放在地面上，膝盖弯曲，脚后跟与坐骨在一条线上，手放在身体两侧，手心朝下（1）。在大腿内侧放一个卷起来的毛巾或小球。在这两个动作中，你需要用大腿内侧的力量将你的尾骨拉起来，让脊柱感受到被一种拉力拉长。在运动过程中要协调呼吸。

分解：吸气。当你呼气时，从尾骨开始，缓慢地将脊柱抬离地面（2），通过每一个椎骨的活动，使臀部、肩膀和膝盖成一条斜线（3）。再次吸气。当你呼气时，开始从上背开始，用腹部的力量回到开始时的姿势。注意力集中在脊柱向上、向下时的运动。

衔接：吸气。当你呼气时，骨盆慢慢离地，直到与肩部和膝盖成一条直线（3）。再次吸气，当你呼气时，开始从上背开始，用腹部的力量回到开始时的姿势（4）。向上运动时，注意力集中在骨盆和脊柱的稳定性上，向下运动时，则将注意力放在脊柱的活动上。

仰卧于地上，双腿平行向天花板方向伸展（1）。轻轻地绷紧脚尖。胳膊向两侧伸展成T型，也可以放在体侧以加大挑战性。如果肌腱太紧，你可以屈一下膝盖。要增加支持力，可以在膝盖上方绑一个力量带。骨盆保持中立位置。当骨盆向一侧倾斜时吸气（2）。呼气时恢复到中间位置。另一侧重复同样的动作。当臀部滚动时，上体要保持稳定。

1

2

力量辅助式

坐正，膝盖弯曲，脚踝弯曲（1）。用力量带包住脚，带子上方包住脚趾的部分要平。抓住脚踝处的力量带向后拉，直到上身坐正。（2）胳膊要伸直！吸气。当你呼气时，从下脊柱开始，慢慢地向后躺，使椎骨依次着地，直到你平躺于地上（3）。确保头部最好着地！胳膊伸直，膝盖弯曲，并注意不要用胳膊的力量向后拉带子，否则你躺下或起来的时候就会失去力量带的协助作用。当你头部、颈部和肩膀离开地面时要吸气。当脊柱继续慢慢离开地面的时候呼气，直到你恢复到开始时的姿势。

1

2

3

屈膝于胸前，头低下，胳膊抱住小腿的外侧，只用尾骨的前端着地，保持身体平衡(1)。脚不能触地。腹部结缔组织和肩胛带的稳定作用可以帮助你维持平衡。吸气。当你呼气时，向后滚（2）。当你滚回平衡位置时再深呼一口气（双呼气）。重复 6～8 次呼吸。保持肩胛带下降到腰部。确保用上腰滚动，而不能用颈部。感受腹肌作为这个运动的起止作用十分重要。在整个运动阶段，身体要保持球状。对于手的姿势你可以有以下选择：一只手握住一只脚踝，或一手抓另一只脚的脚踝，而另一只手握住这只手的腕部，或双手抓住小腿肚的外侧并将前臂紧紧抱住小腿。

这个运动不适合于那些患有胸部骨质疏松症和颈部问题的人。

1

2

犁式

开始时仰卧于地上，双手放于体侧，掌心向下，腿并拢，并向天花板方向上举，脚尖稍微绷紧（1）。如果肌腱太紧，你可以稍微屈一下膝盖。吸气。当你呼气时，弯曲脊柱，利用腹肌的力量将骨盆向后拉。你的腿会朝着头部方向形成一个修正的犁形（2）。吸气，并将腿分开，与肩同宽，弯曲脚踝（3）。当你呼气时，开始一次动一个椎骨，慢慢地、有控制地向地板方向移动脊柱（4）。恢复到开始时的姿势。吸气，并利用内侧大腿的力量将两腿并拢，绷紧脚尖。然后呼气，重复刚才的动作。5 次之后再做 5 次分开的翻滚。确保“驾驭住呼吸的起伏”，使整个运动连贯而有控制。如果肌腱很紧，可以稍微屈膝。

这个运动不适合那些患有胸部骨质疏松和颈部问题的人。

1 2 3 4

仰卧于地上，双手握住一个力量带，然后将胳膊沿着耳侧方向伸展（1）。腿部伸直，稍微分开，脚踝处弯曲。移动双臂直至与地面垂直，并同时吸气，两手间的力量带保持绷紧（2）。向前弯曲上体，至头部到达两臂之间的位置。呼气，胳膊向下压，运用腹肌平滑的控制力量有序地将脊柱上拉，直至胳膊与腿部平行（3）。吸气、坐直（4）。胳膊上举，然后继续向后，打开胸部和肩膀，如果有必要可以拉伸力量带（5）。胳膊继续向后运动的时候呼气。吸气，胳膊收回来，再次恢复到与地面平行的位置，脊柱也随之向前弯曲（3）。一节一节椎骨地活动，使脊柱恢复到开始时的位置。当你运动胳膊扩展胸部的时候，确保背部的肩胛带是弯曲的。

4

5

坐直，腿放于体前，分开大约 90°，脚踝向上弯曲，胳膊向两侧张开，平行于地面，掌心向前（1）。如果必要的话，你可以把手放在地板上（4）。如果你坐直后无法保持脊柱位于中心位置，就可以将膝盖弯曲。吸气，拉伸脊柱做好准备。当你呼气时，利用大腿内部的肌肉力量移动左腿，使之与右腿合并（2）。吸气时再移动这条腿，恢复到开始时的姿势。当再次呼气时，移动右腿与左腿合并（3）。重复 5 次。你会感到大腿内部与多裂肌之间的连接变得很紧张。在运动的过程中你可以颠倒呼吸的顺序。

坐式肩部伸展

坐直，双手握住力量带放于胸前偏下方，两臂相距超过肩膀的宽度（1）。双手间维持一定的拉力，但不要用力拉。胳膊伸直。腿部怎么舒服怎么放（通常我会盘膝而坐），只要骨盆保持中立位置。吸气，胳膊上举并伸直（2）。呼气，继续向身后旋转胳膊（肩膀），这时你会感觉肩膀附近的胸部得到了很有力的伸展（3）。肩胛带下沉！当你再次把胳膊由后向上举时吸气（2）。然后呼气，胳膊回到开始时的位置（1）。在旋转胳膊的时候，头部和颈部不能转动。如果你觉得肩膀和颈部很紧张，可以加大双手之间的距离。

盘坐于地上，上身挺直，手放于臀部稍靠后的地板上（1）。吸气，胸骨向上挺，使整个脊柱向上、向后弯曲。呼气，最大程度伸展这个动作，并稍微向后靠在手上（2）。以这个姿势吸气。伸展脊柱时，尽量均匀地分散尾骨到头顶的弧度。努力向上挺，使胸部充分伸展。深呼吸 5 次。呼气，上身恢复到开始时的姿势。

1

2

肩部桥式

仰卧，膝盖弯曲，脚平放于地上，脚跟与坐骨在一条线上。手放在臀部附近，手心向下。吸气预备。当你呼气时，将臀部抬起，使身体呈一条斜线。肩膀稍向身体底下移动，使胸骨更接近下巴，但不要用下巴压迫胸部，胳膊紧压着地面，帮助你伸展脊柱。保持这个姿势，呼吸 6 ~ 8 次。要使用到内部结构。做这个运动时，身体背部收缩，前部张开和拉长。膝盖和大腿似乎要被扯开的感觉，所以要确保下压大脚趾肚，使身体紧张起来。在最后一次呼气时，慢慢地将肩膀下移，并恢复脊柱到开始时的姿势。

侧躺，下面的腿向后屈，两条大腿平行。下面的一只手举到头上，形成一个小枕头，然后把头枕在上面。上面的一只胳膊放在胸前帮助你维持平衡。整个身体呈一条直线。上面的一条腿伸直，脚尖绷直（1）。移动上面的一条腿，使之与地面平行，并尽量伸展，同时吸气。用位于内侧的腹肌和背肌维持这个姿势，并呼气。再次吸气，上面的一条腿向前屈，使臀部和脚踝弯曲（2）。呼气，脚绷直，在保持身体平衡的前提下，向后踢腿到最大程度（3）。确保你能感到是腿部在运动，而不是骨盆。

屈单腿后踢

俯卧在垫子上，手握拳，肘部支地（1）。肘部要在肩的正下方，前臂向内，使两个拳头可以在一起。两腿并拢向后伸展。充分利用身体力量，并让臀部保持弯曲。当你吸气时，弯曲一条腿脚踝，并向臀部方向踢两次（2）。当你呼气时，慢慢地收回腿，恢复到开始时的姿势（3）。换另一条腿重复同样的动作。避免用腿筋拉直膝盖。如果你觉得后背有压迫感，可以把头放在手上。

仰卧，骨盆位于中心位置。将右手放在脚踝处，左手放在同一条腿的膝盖处，向胸部方向拉（1）。而另一只腿则以45°角尽量向远处伸展，如果你的背部没有扭伤的话，则可以减小这个角度。吸气时换另一条腿，同时改变手的姿势。在改变腿和手的姿势时再次呼气。确保肘部打开，肩膀下沉。随着腿的改变，手的位置也要轮流改变。

1

2

慢箭式

俯卧，胳膊放于身体两侧，手心贴腿，两腿间距约为 10 厘米（1）。在前额下放一块小毛巾或小枕头。当你呼气时，将胸部抬离地面，接着将颈部和头部也抬起来（2）。将胳膊抬离地面，沿着身体两侧向上伸展。吸气。当呼气时，胳膊伸开形成一个字母 T (3)。继续向头部前移，直至胳膊形成一个字母 V (4)。吸气。当呼气时，胳膊划一个半圆回到开始时的姿势，躯干和头部也重新着地。腿一直要贴在地上。确保身体得到锻炼，而且胳膊活动也要配合呼吸。当胳膊沿半圆运动时，肩胛带必须降到腰部。

以俯卧的姿势开始，胳膊沿着耳侧向前伸，双腿平行向后，与坐骨在一条直线上。脸朝向地面，头部、颈部和脊柱成一条直线。吸气。当你呼气时，抬起不同侧的胳膊和腿，尽量伸展（1）。吸气时将它们放下。呼气时再换另一条胳膊和腿（2），吸气时再放下。确保骨盆和肩胛带保持水平。如果想挑战呼吸力量，你可以每次吸气时做两个动作，呼气时再做两个动作。

双臂交叉转动脊柱

坐正，腿在脚踝处交叉，膝盖弯曲展开（1）。上抬胳膊至与肩同高，肘部弯曲，将一只前臂搭在另一前臂上。吸气的同时，上体向一个方向转动（2）。当你呼气时，恢复到开始时的姿势。从下肋骨开始转动，保持胳膊在胸前较低部位。想象着你正旋转上升。然后向另一侧重复该动作。

1

2

脚踝交叉，两腿盘坐于地上，上身挺直，膝盖弯曲并打开（1）。肘部弯曲，手指尖相触，放于胸前。吸气，上身右转，并朝这个方向打开右侧肘部（2）。当你呼气时，将身体转回开始时的姿势，肘部再次弯曲。转动时，从你的下部肋骨开始，用肘部的伸展加大转动。胳膊在胸前的位置要低，避免抬高肩膀。想象着你保持脊柱长度不变却在旋转向上。另一侧也重复同样的动作。

1

2

脊柱伸展式

坐正，腿部伸于体前，脚踝上屈，与腿部成 90°（1）。如果肌腱较短，使骨盆无法处于正中位置，可以弯曲膝盖。吸气预备，拉伸脊柱。当呼气时，向前弯曲脊柱，直到指尖触到地面（2）。保持这个姿势吸气。然后呼气，指尖继续向前伸，加大脊柱的弯曲度。避免塌胸或肩膀上升。吸气。当你呼气时，依次活动椎骨，慢慢地使脊柱恢复到开始时的姿势。

1

2

脸朝下俯卧，双手平放于肩膀附近，肘部弯曲，指向腿部（1）。腿向后伸直，并稍微分开 15 ~ 20 厘米。吸气。当你呼气时，慢慢地利用背部肌肉的力量将上身抬离地面(2)。手稍稍用力，帮助脊柱伸展。吸气，上身回到地上。当你呼气时，腿部稍微抬离地面并向远方伸展（3）。吸气，腿部放回地面。呼气，重复上体和腿部运动。保证感受到的是腿部移动，而不是骨盆运动。重复 6 次（上体和下体运动）。

5

中级锻炼

20 分钟中级锻炼

20 分钟中级锻炼为那些很适合练普拉提的人提供了一个快速、具体、中庸的晨练挑战。当你按照整个锻炼流程，练习了足够长时间的中等速度和中等强度的普拉提后，不论是身体还是精神忍耐力上，都会受益匪浅。如果你可以挤出一点时间抽出多于 20 分钟少于 40 分钟的时间，重复其中的一些动作（尤其是你可能不太喜欢的动作），那么当运动结束时，你会感到很舒服很满足。

1

仰卧前屈

6 次·129 页

2

一百次（修改版）

8 次呼吸·114 页

- 屈膝成桌面姿势，胳膊放于体侧

3

钟摆式

2 组·126 页

- 双腿向天花板方向伸直，胳膊伸成 T 型

4

螺丝刀式 1

3 组·106 页

- 同样的姿势

5

双腿拉伸

6 次·109 页

- 膝盖收到胸前，弯曲，胳膊抱住腿，然后四肢向斜上方伸展

6

剪刀式

6 组·134 页

- 腿放回地面，胳膊位于身体两侧

7

伸展背阔肌，转动脊柱

6 组·145 页

- 坐起来，腿并拢

8

拉锯式

5 组·132 页

- 同样的姿势

9

坐式“4”字伸展

每条腿坚持 30 秒钟·136 页

- 腿并拢

10

单膝跪式

每条腿坚持 30~60 秒钟·119 页

- 双脚前后交错，屈膝，撑地

11

前俯卧撑

6 组（俯卧撑可供选择）·112 页

- 腿向后撤，撑地

12

下犬式

5 次长呼吸·110 页

- 移动腰部成下犬式

13

游泳式

6 次呼吸·147 页

- 身体回到地面上，撑地

14

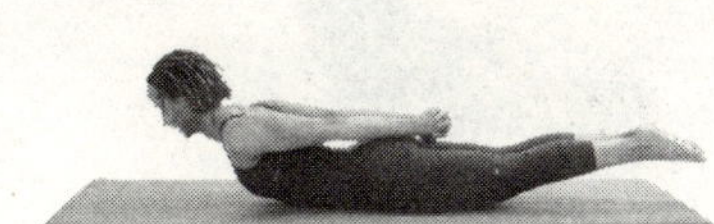

双腿后踢

6 组·108 页

- 俯卧胳膊置于后背处，抬头

15

扭转式

每侧 5 次·148 页

- 转体

16

前屈

5~10 次呼吸·111 页

- 转过身，坐直

17

尸式

3~5 分钟·107 页

- 仰卧

40分钟中级锻炼

40分钟中级锻炼是为了让你时间不太充裕但仍不想浪费时间时准备的。因为40分钟中级锻炼是为那些对普拉提有着牢固力量准备和理解力的人准备的，因此这组锻炼可以让你的上体力量、脊柱弯曲的流畅度及腰深处和腹部的力量得到充分的锻炼，这是普拉提闻名的原因，也可以挑战身体流畅性的能力。

1

桥式·125页

2

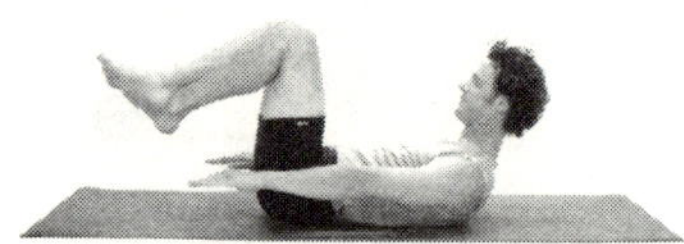

核心稳定式·99页

- 交替进行6组

3

一百次

8次呼吸·113页

- 腿成桌面形，胳膊放于体侧

4

钟摆式

3组·126页

- 腿向天花板方向伸直

5

螺丝刀式1

5组·106页

- 同样的姿势

6

单腿伸展式

6组·141页

- 腿放回地面

7

侧卧扭转式

6组·123页

- 同样的姿势

8

脊柱伸展加强版

6组·143页

- 坐起来，张开双腿

9

伸展背阔肌，转动脊柱

8组·145页

- 腿并拢，抓住力量带

10

滚式

6 组·127 页

- 屈膝到胸部，胳膊抱住腿

11

背撑式抬腿

4 组·101 页

- 腿向前伸展，手放于身后的地板上

12

拉锯式背部伸展

5 组·133 页

- 坐起来，腿张开，胳膊成T型

13

双腿伸展式

8 组·109 页

- 仰卧

14

腿部绕圈式

每个方向 5 组·118 页

- 双腿放回地面，胳膊成 T 型

15

单膝跪式

每一侧 30 ~ 60 秒钟·120 页

- 双脚前后交错，屈膝，撑地

16

四头肌伸展式

每一侧 30 ~ 60 秒钟·120 页

- 同样的姿势

17

下犬式

5 次长呼吸·110 页

- 撑地

18

天鹅式（俯冲式）

6 ~ 8 次·146 页

- 身体伏地

19

弓式（保持式）

3～4 组·102 页

- 胳膊向后，抓住脚踝

20

前俯卧撑加强版

6 组·112 页

- 举起单脚，两手撑地

21

游泳式

6 次呼吸·147 页

- 身体伏地

22

肘部支撑侧踢式

每侧 6 组·140 页

- 转向一侧

23

侧弯式

6 组·139 页

- 同样的姿势

24

滚式

4 组·128 页

- 转过身，仰躺

25

犁式

5 组·115 页

- 同样的姿势

26

肩膀搭桥式

每条腿 3 组·138 页

- 屈膝，脚平放，胳膊放于两侧

27

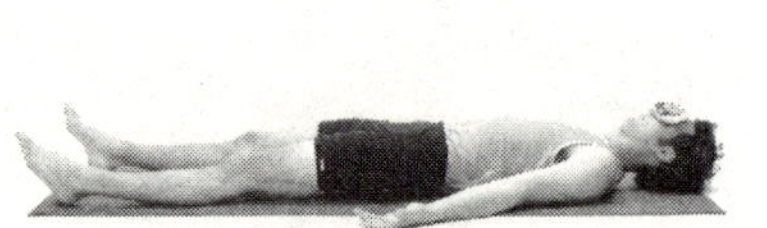

尸式

最少保持 3 分钟·107 页

- 臀部下降，胳膊和腿伸开

最后的这组锻炼适合于有一个小时闲暇时光的人练习。这组锻炼包含了许多经典的动作，既有天鹅式，又有弓式，既有翻滚，也有许多连贯、富有创造性的过渡性动作，使你从一个动作过渡到下一个动作（如从箭式过渡到游泳式，从侧屈到前撑再到侧屈）。你的注意力要集中在运动的质量上，也许要注意一下呼吸控制，因为这是保持精神集中的好办法。

1

拉力带蜷体式
8 组·130 页

2

一百次
8 次呼吸·113 页
- 屈膝成桌面状，胳膊放于两侧

3

钟摆式
3 组·126 页
- 双腿向天花板方向伸直

4

螺丝刀式 1
8 组·106 页
- 同样的姿势

5

双向脊柱扭转式
8 组·142 页
- 双腿盘坐

6

蜷曲式
8 组·127 页
- 屈膝于胸前，胳膊抱住腿

7

单腿伸展式
8 组（变化两次吸气一次）·141 页
- 仰卧

8

剪刀式
8 组·134 页
- 双腿以剪刀式打开伸直

9

双腿拉伸
8 组·109 页
- 四肢伸展，上体抬起

10

腿部绕圈式

每个方向 5 次·118 页

- 单腿放于地上，仰卧，另一条腿画圈

11

脊柱伸展（加强版）

6 组·143 页

- 坐起来

12

拉锯式

6 组·132 页

- 同样的坐姿

13

颈部拉起

5 组·121 页

- 仰卧

14

坐式肩部伸展

5 组·137 页

- 坐式，抓住力量带活动肩膀

15

四头肌伸展式

每侧 1 分钟·120 页

- 成跪式姿势

16

背撑（抬腿）

6 组·101 页

- 后面的腿收回来，坐下，腿伸向前方

17

蜷曲式

6 组·135 页

- 屈膝，膝盖向外打开

18

直腿后翻式

6 组·124 页

- 腿张开成 V 型，抓住脚踝

19

翻滚式

4 组·128 页

- 腿并拢（仍然停留于空中），躺下，向身体后伸展

20

箭式

5 组·100 页

- 转过身，俯卧于地上，胳膊放于两侧

21

游泳式

8 次呼吸·147 页

- 胳膊绕向头顶

22

肘部支撑侧踢式

每侧 6 组·140 页

- 转向一侧

23

侧弯式

5 组·139 页

- 同样的姿势

24

前俯卧撑

5 组·112 页

- 转身，脸朝下，撑地

25

侧弯式（另一侧）

5 组·139 页

- 转向一侧

26

跪式俯卧撑

8 组·117 页

- 转身，面向地板，膝盖着地

27

天鹅式（俯冲式）

8 到 10 组·146 页

- 身体贴地面，腿向上伸直

28

猫式

4 组·104 页

- 起身，手和膝盖着地

29

弓式（摇摆式）

6～8 次呼吸·103 页

- 身体下到地板上

30

猫扭式

4 组·105 页

- 起身，手和膝盖着地

31

肩膀搭桥式

5 组·138 页

- 转身，仰卧

32

双膝交叉扭转

每侧 30～60 秒钟·116 页

- 屈膝于胸前，腿在膝盖处交叉

仰卧，将双脚平放在地板上（1），或者脚离地，将膝盖弯曲 90°，脚踝交叉，膝盖在臀部正上方分开。膝盖弯曲，脚跟和坐骨成一条直线。将胳膊放在身体两侧，掌心向下。在大腿内侧放一个卷起来的毛巾或小球。吸气。当你呼气时，上体向前抬起，在 T 点（位于胸骨最下面的脊柱正后方）处停住，胳膊向脚的方向伸展，并保持与地面平行（2）。吸气持续 4 秒，呼气持续 4 秒，如此重复 6 次。第 7 次吸气。然后当你呼气时，用腹部的力量慢慢地将上体恢复到开始时的姿势。在整个练习中，骨盆保持正中位置。

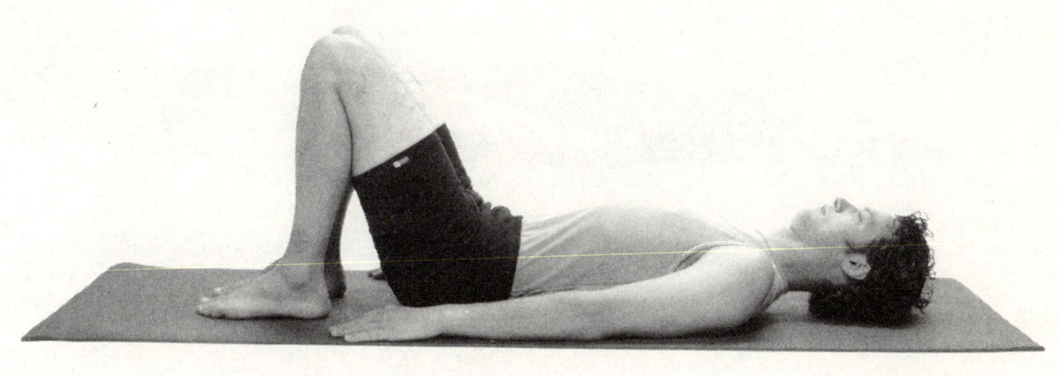

1

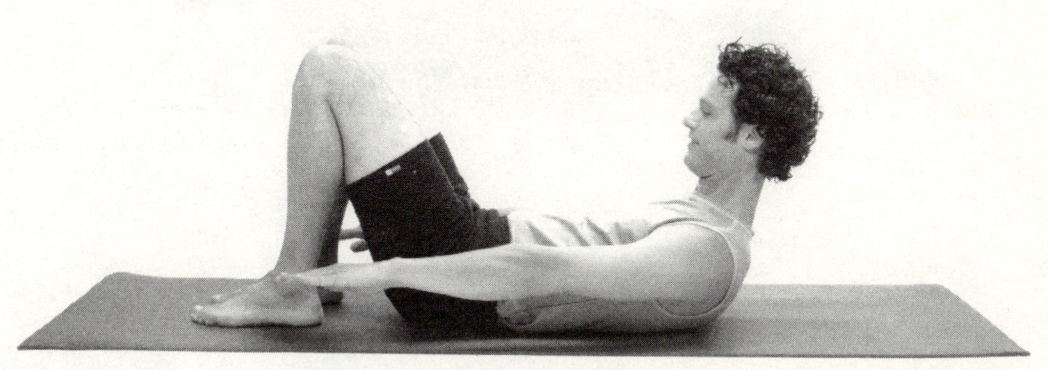

2

箭式

俯卧，脸转向右侧（1）。胳膊放在体侧，掌心向上。腿向后伸展，脚跟与坐骨在一条线上。吸气，上身抬起，并同时将双手往前额方向移动，双手以双敬礼的姿势轻触额头（2）。肘部弯曲，面向地板方向。呼气，胳膊收回，身体恢复到开始时的姿势，当回到地面时，脸转向左侧。确保通过内部结构来控制骨盆，并保持肩胛带稳定。腿也可以抬起来，以增加挑战性。

坐在地上，两腿并拢，手放在屁股后面，臀部抬起来，直到它与肩部和腿部成一条直线（1）。保持头、颈与脊柱在一条直线上。吸气，右脚绷直向上踢，脚踝弯曲，轻踢两次（2）。将身体的重量分散到全身，使你的胳膊和肩膀不会太累。尽可能地用脚掌压住地面。如果由于脚踝缺乏灵活性而造成小腿抽筋，可以把脚跟紧紧地压在地面上，使整个双腿的后部完全绷紧。大腿内侧紧紧并拢，避免双腿分开。呼气，右腿返回至初始位置。吸气，左腿伸直，脚踝弯曲，向上轻抬两次。呼气，左腿返回至初始位置。

1

2

弓式（保持式）

脸朝下俯卧，双腿膝盖弯曲，双手抓住脚踝（1）。如果可以的话，保持双脚并拢。吸气，收腹。呼气，同时用手压着脚踝，伸展上半身（2）。大腿可以接触地面也可以不接触。保持这个姿势，深呼吸5~6次，然后在最后一次呼气时恢复到开始时的姿势。当保持弓式姿势并呼吸时，确保此时的你恰好处于75%的完全伸展，然后在这个位置上放松一下，使呼吸可以长而稳。如果呼吸过于紧张或不流畅，说明你的姿势已经超出了维持放松状态的范围。

1

2

脸朝下俯卧，双腿膝盖弯曲，双手抓住脚踝（1）。如果可以的话，保持双脚并拢。吸气，收腹。呼气，同时用手压着脚踝，伸展上半身。大腿可以接触地面也可以不接触。吸气，轻轻地摇摆上半身，同时抬起胸膛（2）。呼气，轻轻地向前摇摆上半身到胸膛处，保持头部抬起（3）。注意不要模仿摇摆运动猛拉头部上下运动。这种极其苛求的姿势要求臀肌、肩关节、四头肌和脊柱的柔韧性。

1

2

3

猫式

四肢撑地，手位于肩部的正下方，膝盖则位于臀部的正下方（1）。保持骨盆位置正中，肩胛带稳定。头部、颈部和脊柱成一条直线。吸气。当你呼气时，开始收缩深层腹肌，稍微弯曲脊柱，成弓状，使脊柱朝向天花板弯曲（2）。吸气。当你呼气时，开始运动脊椎，使身体由弓形变为伸展的曲形（3）。无论是弓形还是曲形，都要保证避免用肩胛骨稳定组织将肩胛带下降到腰部，而使肩膀隆起。要让呼吸带动运动，就像波浪经过脊柱一样。避免锻炼过度。这个运动可以缓解身体积累的紧张感。重复 4~5 次。

1

2

3

四肢着地，手放在肩膀的正下方，膝盖在臀部的正下方。吸气，左手臂屈肘向内，手指指向胸部，肘部向外突出且微微向上。呼气，右手臂向相反方伸展，身体（脊椎）旋转，目视左肩的上方（1）。脊椎旋转，同时，从尾骨到头部部分成一个拱状，拉伸胸部。避免扭着脖子，保持下巴与胸骨成一条直线。目光向上，避免向下。反方向重复动作（2）。

1

2

螺丝刀式 1

仰卧，双腿平行且用力并拢抬起，微微绷脚尖（1）。手臂成 T 字姿势，或者可以为了增加挑战性，将其放于身体两侧。如果腿筋太紧不能够使你保持骨盆在中间位置的话可以膝盖稍微弯曲。吸气，骨盆倾向一边（2）。呼气，旋转骨盆使之远离自己（3，脊椎骨下方稍微成拱形），大概到相反的位置（4），然后返回至中间开始位置。吸气，骨盆向另外一边倾斜。呼气，旋转骨盆使之远离自己，大概到另外一侧，然后回到开始位置。上半身要保持稳定，胸腔的下面不要离开地面。然后换另一侧重复动作。

仰卧于地上，胳膊放在离身体远一点的地方，手心向上。脚稍微分开，并自然地放松。闭上眼睛和嘴，放松下巴，随着每一次呼吸，慢慢地放松你的脸部和嘴角，舒展眉宇的空间。将紧张感慢慢地驱逐出身体，就像沙从沙漏里慢慢漏下来一样，呼吸要慢而稳。深深地吸一大口气，然后呼出。

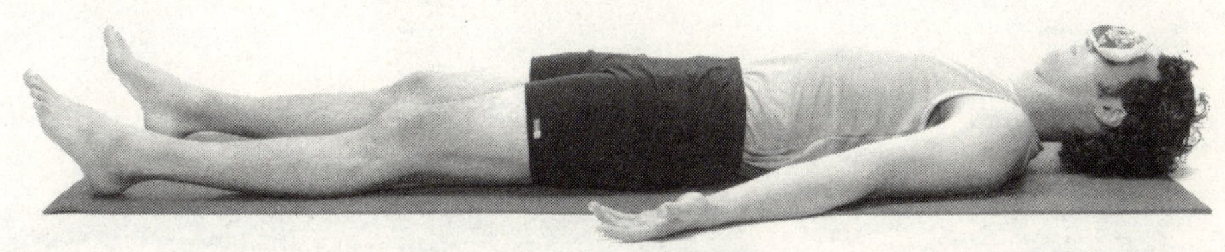

双腿后踢

面朝地面俯卧，双腿并拢，手臂放在身后，肘部弯曲触地，手放在背部（1）。头转向一侧。收腹。吸气，同时膝盖弯曲，脚后跟向屁股方向跳动 3 下（2）。呼气，同时在背后向外伸展手臂，掌心朝内，双腿伸长，轻轻抬起离开地面，整个上半身成一个拱状（3）。保持头和颈部与脊椎成一条直线。吸气，返回至初始位置，头转向另外一侧。在你开始重复下一个环节时，确保肘关节朝地面放松。

提示：肘关节也可以不完全压在地面上。不要强迫肘关节压在地面上。

1

2

3

首先仰卧，于胸前屈膝，双腿并拢，微微绷脚尖（1）。上半身向前蜷缩起来，手臂伸向外侧脚踝。骨盆在中间位置。吸气，手臂向后朝上伸展，贴在耳朵旁边（2）。同时双腿向前伸展成45°角。呼气，手臂向前挥向旁边（3），同时膝盖弯曲至初始位置。挥动手臂的时候要避免移动身体，尤其是头和脖子。目视前方，视线不要上移，或头部向下以免拉伤脖子。

下犬式

首先俯卧，双腿分开与臀部同宽，臀部向后上方顶，那样手臂、脊柱和骨盆就形成一个长长的对角线。脚掌着地，重心落在腿上。身体重量尽量分散在腿上面，双臂分开与肩膀同宽，脖子伸长。保持肩胛骨稳定，拉伸腋窝和肋骨。记住要把手指根部压在地面上，避免身体重量都落在手掌上。不要使肋骨朝地面方向下垂。头和脖子要与脊椎骨成一条直线。这是这套运动的过渡姿势。你也可以选择通过婴儿式来休息，这样就没那么有挑战性了。

坐立，双腿伸直并拢，勾脚尖。如果肌腱过于紧绷可以稍稍弯膝盖。吸气，手臂贴着耳朵两侧向上伸，朝向天花板，手掌向内（1）。呼气，上身向前弯曲靠近双腿，双手伸向双脚（2）。保持此姿势，深呼吸 5 ~ 10 次。你可以把一个大枕头放在胸和大腿之间，身体可以靠在上面休息而头部可以侧向一边。一定要运用腹部和腿部的力量。如果你的手可以摸到脚，就从外侧握住脚以帮助身体前屈。如果不行，就把带子套在脚上来帮忙。

1

2

前俯卧撑

从手和膝盖共同支撑的姿势开始，把脚向后伸展，双腿并拢，形成一个支架的形状(1)。臀部和头、颈部、肩膀以及膝盖成一条直线。保持平衡。吸气。当你呼气的时候，向后抬腿两次，尽量不要影响骨盆、脊椎和肩膀的稳定性（2)。吸气，放下腿。另外一条腿重复这个动作。感受从大腿内侧经过骨盆平面到腹部深处的拉力连接。注意头部和颈部不要掉下来（我称之为“一头扎入饲料袋”)。在这些动作的任何一处都可以加入俯卧撑（3)，在每条腿抬起的间歇（即，抬起右腿两次，做1~3个俯卧撑，抬起左腿两次，做1~3个俯卧撑）或者在每套抬腿动作之间（即，抬起右腿两次，然后抬起左腿两次，再做1~3个俯卧撑；重复)。为降低难度，所有的俯卧撑都可以采用膝盖着地的姿势做。

1

2

3

仰卧，把腿抬起来并用力并拢（1）。臀部和膝盖处各成90°弯曲，小腿和地面平行。腿成一个桌面的形状（难度更大），或者也可以脚踝交叉，膝盖分开（难度较小）。手臂放在身体旁边，手掌朝下。吸气。在你呼气的同时抬起上半身，停在T点的位置（定位在从胸骨的最低点直到脊骨的后端），腿伸直，与地面成45°，脚尖绷直，腿稍向外翻（2）。手臂上下运动，吸气5次，呼气5次。练习8次完整循环。再吸气一次，当你呼气的时候，用上腹部的力量慢慢地把身体和腿返回开始的位置。记得保持骨盆在自然状态，从下面的肋骨到髋骨的距离要长一些。当你肩胛骨朝后移动的时候伸展锁骨。保持目光向前注视大腿内侧。

1

2

一百次（修改版）

仰卧，把腿抬起来并用力并拢。臀部和膝盖处各成 90°弯曲，小腿和地面平行（1）。腿成一个桌面的形状（难度更大），或者也可以脚踝交叉，膝盖分开（难度较小）。手臂放在身体旁边，手掌朝下。吸气。在你呼气的同时抬起上半身，停在 T 点的位置（定位在从胸骨的最低点直到脊骨的后端），胳膊向脚的方向伸展，与地面平行（2）。手臂上下运动，吸气 5 次，呼气 5 次。练习 8 次完整循环。再吸气一次，当你呼气的时候，用上腹部的力量慢慢地把身体和腿返回开始的位置。记得保持骨盆在自然状态，从下面的肋骨到髋骨的距离要长一些。当你肩胛骨朝后移动的时候伸展锁骨。保持目光向前注视大腿内侧。

1

2

身体平躺，双腿并拢向上抬起与髋关节成 90°角（1）。如果受韧带限制无法做到标准动作，可以微微屈膝。大腿内侧肌肉绷紧，在整个练习过程中保持双腿并拢。手臂置于身体两侧，手掌朝下。吸气，腹部用力让盆骨向后倾斜，顺势带动腿部，不要借助大腿的力量。呼气，腹部用力，使大腿举过头顶呈犁状（2）。然后身体竖起来，用肩部支地（3）。这个动作主要依靠腿部肌肉来完成。吸气，髋关节与地面成 45°角（4）。呼气，慢慢回到起始动作，其间应尽力保持腿部向反方向伸展。不要垂下双腿，或打开髋关节。

胸部有骨质疏松症或颈部有问题的患者不适合此项练习。

双膝交叉扭转

仰卧，双膝弯曲，一条腿搭在另一条腿上，轻轻地压向胸前。双臂打开成“T”字形。吸气，呼气时腿部向一侧扭转，臀部同时扭转（1）。腿部抬高至胸前，顶端的坐骨与肩膀成一斜线。保持住，呼吸5~6次。可以允许另一侧的肩膀离地，不要强压它。吸入空气，使肋骨间的肌肉、斜肌、外侧臀部肌肉以及腰部肌肉伸展开。身体转回时不再交叉双腿。吸气，将上方的腿再次抬起至胸前。呼气，将另一条腿收回，回到开始的位置。向另一侧重复以上的动作（2）。两侧动作都完成后，回到开始的位置，骶骨缓慢地向两侧做小幅度的翻滚。

脸朝下，以改良的姿势支地，胳膊放于肩部的正下方，并与地面垂直。膝盖弯曲，脚踝交叉（1）。头部、颈部、肩部、骨盆和膝盖成一条直线。吸气，肘部弯曲，使身体下降（2）。当你呼气时，胳膊用力恢复到开始时的姿势。将运动的力量分散于整个身体，并确保骨盆位置处于中心位置，头部、颈部和脊柱在一条直线上。

注意： 保持这姿势，深呼吸 6～8 次。

1

2

腿部绕圈式

仰卧于地上，一条腿放于地上，脚踝弯曲，另一条腿向天花板方向伸展，并与臀部垂直，脚尖稍微绷直（1）。胳膊向两侧伸展成 T 型，也可以将其放于体侧，增加难度。吸气、呼气，并同时小心地动员内部结构和骨盆到合适的位置。当你再次吸气时，将空中的那条腿稍微越过身体的中线，而身体其余部分保持稳定（2）。呼气，腿继续下绕（3），然后向侧面转（4），最后回到开始时的姿势。由内向外转 5 圈，然后再由外向内转 5 次。确保腿在绕着胫腕转圈时，骨盆处于适当的位置。如果肌腱太紧，可以在移动腿的时候将膝盖弯一下。如果你感到下腰很紧张，可以屈一下地上那条腿的膝盖，并将脚平放于地上。

双膝跪地，一条腿向前跨一步，上身挺直，前后大腿都伸展开来。双手放于胯上。后腿膝盖着地，脚面平贴于地面。保持此姿势，使臀部屈肌和大腿上部肌肉伸展。如果感到后腿的膝盖骨受压过度，可以将小垫子或毛巾垫在下面。保持 30 ~ 60 秒钟。保持骨盆与上身垂直成一线，而与垫子边缘成直角。向另一方向重复以上动作。

四头肌伸展式

双膝跪地，一条腿向前跨一步，上身挺直，前后大腿都伸展开来。双手放于胯上。运用双腿大腿内侧的肌肉力量来保持平衡（1）。确保骨盆与髋骨水平，而与垫子边缘成直角，避免晃动。

一只手臂往后伸，握住同侧的脚，拉向臀部，将脚搬起靠近臀部外侧（2）。你可以将前面的前臂靠在前面大腿上作为支撑，但是身体不要松垮下来。保持大约 60 秒钟。保持骨盆与上身垂直成一线，而与垫子边缘成直角。向另一方向重复以上动作。如果感到后腿的膝盖骨受压过度，可以将小垫子或毛巾垫在下面。

1

2

仰卧，手指交叉放于颈后，小拇指外侧位于头颅下方（1）。肘部稍稍抬起，朝向外侧。双腿伸直并紧，勾脚尖。吸气，头、颈和肩部抬起，肘部保持在同样的位置（2）。避免颈部或头前伸。呼气，上身继续向上抬起，脊柱一节一节地抬起直到无法继续前屈（3）。吸气，上身直立（4）。脊柱尽量拉长。呼气，骨盆开始后倾但上身保持挺直（5），继续呼气，脊柱一节一节地恢复到开始的姿势。起身躺下的过程中手臂位置保持不变，脊柱始终尽量拉长，即使是在上身弯曲的时候。为了降低难度，双腿可以稍稍分开，勾脚尖。或者双臂交叉位于胸前。

3

4

5

仰卧，手指交叉放于头后，肘部朝向外侧。右膝盖弯曲靠近上身，左腿向前伸直。吸气，上身侧转，左肩朝向弯曲的右膝盖（1）。呼气，右肩朝向弯曲的左膝盖（2）。吸气，将左肩转向弯曲的右膝盖，然后呼气将右肩转向弯曲的左膝盖。保持肘部打开。只是躯干扭转而非简单的肘部在面前摆动。骨盆保持固定在中心位置。

1

2

直腿后翻式

身体重心位于尾椎骨末端，两腿伸直。双腿分开与肩同宽，双手抓紧脚踝的上端(1)。手臂伸直，脚尖稍微绷直，脊椎稍稍弯曲。吸气，运用腹部力量向后翻滚直至上背(2)。继续呼气恢复到开始的姿势。最重要的是运动始终都要保持双腿和双臂笔直。脊椎稍稍弯曲使得能够向后翻滚。（通过呼吸）运用腹部力量和冲力向后翻滚以及在向前翻滚时能够制动恢复到开始的姿势。向后翻滚时不能翻过脖子。

胸部有骨质疏松或颈部不适者不宜做此练习。

仰卧，脚平放在地面上，膝盖弯曲，脚后跟与坐骨在一条线上，手放在身体两侧，手心朝下（1）。在大腿内侧放一个卷起来的毛巾或小球。在这两个动作中，你需要用大腿内侧的力量将你的尾骨拉起来，让脊柱感受到被一种拉力拉长。在运动过程中要协调呼吸。

分解：吸气。当你呼气时，从尾骨开始，缓慢地将脊柱抬离地面（2），通过每一个椎骨的活动，使臀部、肩膀和膝盖成一条斜线（3）。再次吸气。当你呼气时，开始从上背开始，用腹部的力量回到开始时的姿势。注意力集中在脊柱向上、向下时的运动。

衔接：吸气。当你呼气时，骨盆慢慢离地，直到与肩部和膝盖成一条直线（3）。再次吸气，当你呼气时，开始从上背开始，用腹部的力量回到开始时的姿势（4）。向上运动时，注意力集中在骨盆和脊柱的稳定性上，向下运动时，则将注意力放在脊柱的活动上。

钟摆式

仰卧于地上，双腿并拢伸向天花板方向（1）。轻轻地绷紧脚尖。胳膊向两侧伸展成T型，也可以放在体侧以加大挑战性。如果肌腱太紧，你可以屈一下膝盖。要增加支持力，可以在膝盖上方绑一个力量带。骨盆保持中立位置。当骨盆向一侧倾斜时吸气（2）。呼气时恢复到中间位置。另一侧重复同样的动作。当臀部滚动时，上体要保持稳定。

屈膝于胸前，低头，胳膊抱住小腿的外侧，只用尾骨的前端着地，保持身体平衡（1）。脚不能触地。腹部结缔组织和肩胛带的稳定作用可以帮助你维持平衡。吸气。当你呼气时，向后滚（2）。当你滚回平衡位置时再深呼一口气（双呼气）。重复6~8次呼吸。保持肩胛带于腰部以下。确保用上腰滚动，而不能用颈部。感受腹肌在向后滚、以及停在开始位置时的重要作用。在整个运动阶段，身体要保持球状。

这个运动不适合于那些患有胸部骨质疏松症和颈部问题的人。

翻滚式

开始时仰卧于地上，双手放于体侧，掌心向下，腿并拢，并向天花板方向上举，脚尖稍微绷紧（1）。如果肌腱太紧，你可以稍微屈一下膝盖。吸气。当你呼气时，弯曲脊柱，利用腹肌的力量将骨盆向后拉。你的腿会朝着头部方向形成一个修正的犁形（2）。吸气，并将腿分开，与肩同宽，弯曲脚踝（3）。当你呼气时，开始一次动一个椎骨，慢慢地、有控制地向地板方向移动脊柱，两腿分开（4）。恢复到开始时的姿势。吸气，并利用内侧大腿的力量将两腿并拢，绷紧脚尖。然后呼气，重复刚才的动作。5 次之后再做 5 次分开的翻滚。确保“驾驭住呼吸的起伏”，使整个运动连贯而有控制。如果肌腱很紧，可以稍微屈膝。

这个运动不适合那些患有胸部骨质疏松和颈部有问题的人。

仰卧前屈

仰卧，两腿并拢，勾脚尖（1）。手臂举过头顶，放于耳侧两旁，手心相对。吸气，胳膊上举，垂直于地面，上身向前弯曲，头位于胳膊之间。呼气，胳膊下降至腿部上方，利用腹肌的力量，向前弯曲脊柱（2），直到胳膊处于双腿正上方，并与地面平行（3）。在这个姿势处吸气，然后呼气，脊柱一节一节地复原，使其回到开始时的姿势。确保肩胛带在背部处弯曲，避免耸肩。动作要尽可能地流畅，利用呼吸来帮助你控制运动。

3

拉力带蜷体式

仰卧，双腿分开，勾脚尖（1）。手臂贴着耳朵伸展过头顶，双手握住拉力带稍稍拉紧。吸气，手臂抬起与地面垂直，拉紧拉力带（2），上身蜷起，头部保持在两臂中间。呼气，手臂压低逐渐靠近双腿，运用腹部力量一节一节抬起脊柱直至手臂与地面平行（3）。吸气，坐直，手臂向上抬起（4）然后向背后伸展，胸和肩膀都要打开，如果需要的话拉紧拉力带（5）。呼气，手臂继续下垂。吸气，将手臂举回，脊柱向前弯曲，直至手臂再次与地面平行（3）。呼气，脊柱一节一节地恢复到开始的位置。手臂运动和胸部打开的过程中肩胛骨始终以背部为支撑。为了增强难度，可以将两腿并拢再做这个练习。

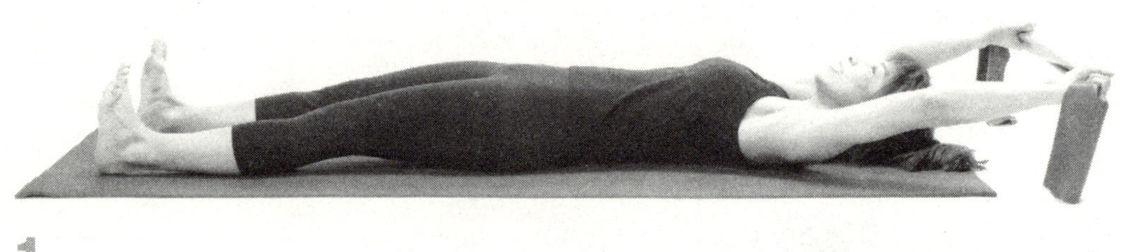

1

2

3

4

5

拉锯式

挺胸坐立，骨盆位于中心位置，双腿打开稍比肩宽，勾脚尖（1）。腿部肌肉始终保持紧绷。手臂向侧面打开，保持与肩同高。收腹。吸气，上身左转（2）。骨盆保持不动。呼气，上身转回，右手伸向左脚（3）。如果可能，尽量转头向后看左手臂。但如果脖子感到过于紧绷，只要看前面的右手即可。吸气，上身直起，仍然转向左侧（2）。呼气，身体恢复到开始的姿势。作为选择，你可以在手伸向脚的同时做两次弹动。向另一侧重复以上动作。

挺胸正坐，双腿分开略比肩宽，勾脚尖（1）。双腿肌肉始终保持紧绷。双臂向外侧打开保持与肩同高。收腹。吸气，上身向左转（2），臀部保持不动。呼气，身体向前弯曲，右手握住左脚（3）。如果可能，尽量转头向后看左手臂。但如果脖子感到过于紧绷，只要看前面的右手即可。吸气，同时挺直上身，但仍然保持身体向左。挺胸伸展脊背，以左手为支撑，身体后仰（4）。脊椎下部至底椎紧绷以支撑腰椎。呼气，同时身体回复到开始的姿势。向另一侧重复以上的动作。

剪刀式

仰卧，骨盆处于中心位置。一条腿抬起尽量贴近上身，双手握住小腿（1），腿保持挺直。另一条腿伸长，只要不觉得背部受压就尽量压腿，两腿至少分开 45°。双腿肌肉始终保持紧绷。吸气，两腿像剪刀一样交换位置（2）。呼气，两腿像剪刀一样再次交换。盆骨必须一直保持在中心位置。两腿交换时，始终并拢不要分开。为了进一步锻炼呼吸力量，可以吸一次气两腿交换两次，呼气时两腿再交换两次。

1

2

蜷曲坐直，屈膝，双腿向上体弯曲，膝盖开向两侧。两只胳膊从双腿之间穿过，握住同一侧脚踝的外侧（1）。把脚向上拉到肚脐前方的位置。用腹肌的力量稍微弯曲脊柱，但不要塌胸，以便于尾骨后侧和坐骨前侧着地，保持身体平衡。吸气，脚掌互拍两次。呼气，向后翻（2），然后向前滚回开始时的姿势，继续呼气。只需从尾骨滚到上背的顶部，千万不要滚到脖子处。脊柱一直保持弯曲状态，用腹肌的力量带动身体向后翻，并在滚回到起始姿势及时停住。在这一过程中，骨盆底要一直处于紧张状态。

这一运动不适合那些患有骨质疏松症和颈部有问题的人。

1

2

坐式"4"字伸展

挺胸坐立，抬起一条腿放于另一条腿之上，摆出数字"4"一样的姿势。上方的腿膝盖弯曲，脚踝外侧靠在下方膝盖之上，大腿之上，勾脚尖。手支撑在身后，身体后仰，脊椎和盆骨处于中心位置。保持挺胸。将下方的腿慢慢抬起靠近上身，上方的膝盖朝外。你会开始感到上方腿一侧的臀部紧绷，尽可能将腿收得更近但同时保持盆骨位于中心位置。不要让脊椎松垮。如果你的腰部有不适，可以躺下改做第 4 章 59 页的"4"字伸展动作。

坐式肩部伸展

坐直，双手握住力量带放于胸前偏下方，两臂相距超过肩膀的宽度（1）。双手间维持一定的拉力，但不要用力拉。胳膊伸直。腿部怎么舒服怎么放（通常我会盘腿而坐），只要骨盆保持中立位置。吸气，胳膊上举并伸直（2）。呼气，继续向身后旋转胳膊（肩膀），这时你会感觉肩膀附近的胸部得到了很有力地伸展（3）。肩胛带下沉！当你再次把胳膊由后向上举时吸气（2）。然后呼气，胳膊回到开始时的位置（1）。在旋转胳膊的时候，头部和颈部不能转动。如果你觉得肩膀和颈部很紧张，可以加大双手之间的距离。

肩膀搭桥式

仰卧，膝盖弯曲 90°。大腿与地面平行，脚后跟与膝盖骨垂直成一线，与坐骨成一线（1）。手臂在肘部弯曲，双手支撑腰部。肘部位于腰部下方（如果这个位置不舒服的话，就张开五指，手臂位于臀部下方或是手臂简单地平放于地面）。前胸尽量挺起。吸气，抬起右腿朝向天花板，轻轻朝向上身方向弹动两次，勾脚尖（2）。呼气，将腿放下来，运用腿筋和臀部力量来控制，绷脚尖（3）。同一条腿重复以上动作 3 次，然后换一边。确保骨盆始终保持不动。运用大腿内侧肌肉使双腿外翻。

1

2

3

侧坐，上方的腿膝盖弯曲，脚掌平放在地板上（1）。下方的腿膝盖同样弯曲，但腿的侧面着地。下方的手臂打开略比肩宽，手掌撑地，手指朝向身体外侧。上方的手掌朝上放于膝盖上。吸气，抬起臀部，挺直双腿，运用大腿内侧肌肉力量将两腿并紧（2）。上方手臂呈弧线划过头顶。受力手臂一侧的肩膀运用肩部稳定器保持绝对稳定。臀部抬起使上身、双腿和手臂构成一个新月形。运用臀部下方的肌肉来提升臀部的高度。腿部肌肉紧绷。呼气，有控制地将双腿、手臂和身体恢复到起始的位置。

肘部支撑侧踢式

侧卧，双腿伸直分开 20°，勾脚尖。下方的手臂肘部弯曲，固定在地面，手托起头部。上方手臂的手放在地面上，位于胸前以保持平衡。身体下侧完全抬离地面。从头到骨盆成一直线。运用“T”字部位（位于胸骨末端到脊椎骨的正下方）的力量避免肋架摇摆不定。吸气，上方的腿与地面平行，尽量伸长，绷脚尖（1）。呼气，保持这一姿势同时收紧腹部和背部肌肉。吸气，上方的腿前踢，弹动两次（2）。呼气，绷脚尖，腿收回，踢向身体后方。只要能够保持上身和骨盆的稳定，就可以尽量向后踢（3）。确保上方的腿一直与地面平行，避免抬得过高或过低。

1

2

3

仰卧，骨盆位于中心位置，上体前屈。将外舷手放在脚踝处，内舷手放在同一条腿的膝盖处，向胸部方向拉（1）。而另一条腿则以 45°角尽量向远处伸展，如果你的背部没有扭伤的话，则可以减小这个角度。吸气时换另一条腿，同时改变手的姿势。在改变腿和手的姿势时再次呼气。确保肘部打开，肩膀下沉。随着腿的改变，手的位置也要轮流改变。重复，保持骨盆位于中心位置。你可以吸气时改变两次，呼气时改变两次，以进一步挑战你的呼吸力量。

1

2

双向脊柱扭转式

挺胸坐立，双腿交叉（1）。手臂放在胸前与肩同高，肘部弯曲，两手指尖相触。上身挺直，保持在中心位置。吸气，上身右转，右臂伸直（2）。从腰部开始转身。转身的同时想象你自己像螺丝一样向上方旋转。运用腹外斜肌使身体向右侧快速转两下。运用手臂的杠杆力量加深脊柱扭转的程度。肘部打开的过程中不要过猛地伸直手臂。呼气，上身转回到开始的位置，手臂同样回到开始的姿势。脊柱始终挺直。向另一侧重复上面的动作。

1

2

挺胸坐立，双腿伸直打开近90°角，勾脚尖（1）。如果盆骨受制于腿筋无法保持在中心位置，可以将膝盖弯曲。手臂前伸，与肩同高，平行于地面，手掌朝下。吸气，脊柱伸长做好准备。呼气，脊柱向前弯曲直到手指可以触地（2）。保持此姿势吸气。呼气，手指向前滑动，增大脊柱的弯曲度。避免胸部和肩部松垮。保持脊柱弯曲的姿势吸气。呼气，脊柱一节一节地恢复到开始的位置（1）。吸气，将手支撑在身后（3），上身稍稍后仰，脊柱伸展。呼气，恢复到起始姿势。

1

2

3

双臂上举脊柱扭转

挺胸坐立，腿伸直。双腿并拢，勾脚尖（1）。手臂向两侧打开，手掌朝前。吸气，上身左转，双臂抬起位于耳朵侧面，手掌朝向头部（2）。转身的同时想象你自己像螺丝一样向上方旋转。肩胛骨固定在背部以保持肩膀上部和脖子不会抬起或是感到紧张。呼气，上身转回到开始的位置，手臂同样回到开始的姿势。上身从后往前转的过程中，脊柱保持挺直。转向另一侧重复以上的动作。

挺胸坐直，两腿向前伸直，且紧紧并拢，勾脚尖（1）。双臂握住力量带，举过头顶，之间距离略比肩宽。吸气，上身向左转，利用背阔肌将力量带下拉到上胸前（2）。从下肋骨开始转动。当你转动身体时想象着你正在螺旋上升，并同时感受到上臂骨在肩关节处转动。在向下拉力量带的时候不要失去了 T 点（位于胸骨末端到脊椎骨的正下方）。呼气，身体转回中心处，胳膊重新举到头顶的位置。脊柱保持向上的感觉。转向另一侧重复该动作。

天鹅式（俯冲式）

俯卧，肘部弯曲，指向腿部。手掌张开在肩膀下方撑地（1）。双腿伸直，稍稍分开15～20厘米。吸气，运用背部肌肉的力量在手臂的帮助下使上身完全伸展（2）。确保腿部肌肉紧绷，从臀部开始向外伸展。呼气，上身向着地面俯冲，手臂立刻侧伸（对肩膀灵活性要求低一点）或前伸（对肩膀的灵活性要求高一点）。运用冲力来协助“潜水”的动作，同时双腿伸展尽量抬高（“像举起尾巴上的羽毛”）。吸气，并同时快速屈肘，使手掌再次回到起始时的姿势，帮助上身伸展，重复这个动作。全身协调完成动作，始终充满能量。这个动作最关键的是能够及时协调地把胳膊收回到肩膀下面。

俯卧，手臂和腿向相反的方向伸展。双腿并排，脚后跟与坐骨保持在一线。脸部和胸部离地，头部和颈部与脊柱保持一致。吸气，将一侧相对的手臂和腿稍稍抬起，分 4 步完成游泳的姿势（1）。呼气，重复动作，分 4 步抬起相对的手臂和腿（2）。尽力抬起手臂和腿但不能影响盆骨和肩带的稳定。

扭转式

侧坐，上方的腿膝盖弯曲，脚掌平放在地板上（1）。下方的腿膝盖同样弯曲，但腿的侧面着地。两脚交叉。下方的手臂打开略比肩宽，手掌撑地，手指向外。吸气，臀部抬起同时双腿伸直并拢，上方的手臂向上伸展成“T”字形（2）。呼气，上身向下弯曲，双腿支撑身体的全部重量，上方的手臂抱住身体，位于胸部（3）。双腿尽可能紧绷发力。头部向下。必须运用肩带稳定器的力量，尤其是受力手臂的一侧。手臂和上身恢复成对角线，上方的手臂向上伸展成“T”字形（2）。呼气，回到起始的侧坐姿势。

6

高级锻炼

20 分钟高级锻炼

这套 20 分钟高级锻炼无疑将带给你短暂却富有挑战的速成训练。它包含平衡和限时挑战，比如说飞镖式和高级踢腿变化。这套体操时间更短，但却能让你有一整天的效果。尽量集中精神，控制呼吸，强化感受。

1

100 次

10 次呼吸·180 页

2

伸展背阔肌，转动脊柱

8 组·195 页

- 腿放下来

3

螺丝刀式 1

8 组·168 页

- 躺下，仰卧

4

单腿伸展式

8 次长呼吸·204 页

- 腿放下来

5

斜式剪刀

8 次呼吸·187 页

- 向上伸直原本弯曲的腿，双手放在头部后面

6

桥式

4 组·191 页

- 膝盖弯曲，脚放平，身体放下

7

直臂脊柱旋转

6 组·209 页

- 抬起上身成坐姿

8

拉锯式背部伸展

5 组·200 页

- 双腿打开成“V”字形

9

直腿后翻式

6 组·192 页

- 双腿向上张开成大“V”字形，用手抓住脚踝

10

飞镖式

6 组·166 页

- 双腿放下，坐直

11

下犬式

3 次呼吸·177 页

- 膝盖弯曲，起身成下犬式

12

弓步

每条腿 30~60 秒钟·186 页

- 一条腿迈向前

13

天鹅式

8 次呼吸·207 页

- 直体身体俯卧至地面

14

双腿后踢

8 组·171 页

- 双臂挥向后方，抬头

15

双屈肘侧踢

每边 8 组·202 页

- 转体侧身

16

扭转式

6 组·210 页

- 起身

17

游泳式

8 次呼吸·208 页

- 旋转成直体，下半身贴在地面上

18

坐式“4”字伸展

每边 30~60 秒钟·199 页

- 翻身再起身

19

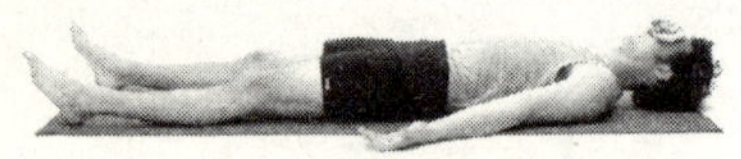

尸式

放松 1 分钟·第 170 页

- 仰卧，伸展开手臂和腿

这套 40 分钟高级锻炼无疑将带给你清晨的挑战。它包含经典的臀部运动，踢腿（跪下）和摇摆腰部。同时也有游泳和背撑的上半身挑战训练。涉及到柔韧性和力量，以及协调性、限时和平衡的锻炼，其强度冲击保证让你活力无限，跃跃欲试！

1

100 次

10 次呼吸·181 页

2

桥式

4~6 组·190 页

• 膝盖弯曲，双脚放在地面上

3

滚动前屈

8 组·194 页

• 双腿伸直，双臂在耳侧向上伸展

4

螺丝刀式 2

5 组·169 页

• 双腿向上伸展

5

拉锯式背部伸展

6 组·196 页

• 坐姿，张开双腿

6

直腿后翻式

8 组·188 页

• 抬起双腿，双手抓住脚踝

7

核心稳定式（高级版）

8 组·209 页

• 双腿并拢，双臂向脚部伸展

8

飞镖式

8 组·162 页

• 放下双腿，双腿在脚踝处交叉

9

转臂式

6 组·179 页

• 双腿平行抬起成 45° 角

10

背撑式

6 组·160 页

- 放下双腿至地面

11

单屈肘侧踢

每边 8 组·201 页

- 收起腿成侧坐姿势

12

美人鱼式

每侧 5 组·183 页

- 臀部放下成一个侧身坐的姿势

13

前俯卧撑（单腿）

8 组·177 页

- 转向地面成一个直身姿势

14

屈单腿后踢

8 组·203 页

- 放低身体至地面

15

双腿后踢

8 组·175 页

- 上半身放低，头转向一边，双手放在背后

16

下犬式

1 或 2 次呼吸·173 页

- 手放在肩膀下，臀向上顶

17

扭转式

6 组·210 页

- 躯干向前移动成直体，转体

18

自行车式

每个方向 5 组·161 页

- 转体仰卧，膝盖弯曲，双脚平放

19

剪刀式（高级版）

8 组·165 页

- 相同的姿势

20

蜷曲式（高级版）

6 组·198 页

- 臀部放下，卷体至坐着的姿势

21

侧弯式

每边 6 组·200 页

- 转向侧坐姿势

22

弓式（摇摆版）

6~8 组·164 页

- 转身俯卧

23

猫扭式

4 组·166 页

- 上体扭转

24

翻滚式（高级版）

每个方向 4 组·193 页

- 转身仰卧

25

犁式

5 组·181 页

- 相同的姿势

26

婴儿式

30~60 秒钟·167 页

- 向前蜷体

27

坐式“4”字伸展

每边 30~60 秒钟·199 页

- 直体坐姿

60 分钟高级锻炼

去淘金吧！这是系列锻炼中最富有挑战性的运动。既然你已经选择了这种强度和持久性，如果你能够流畅地不间断运动，按部就班，你将从努力中获得更多。不仅你的协调性更好，你的精神也将会被磨练到一个更加优雅的境界。祝贺你选择这种清晨运动。在你运动的时候记得要收腹，呼吸，那么你才能够集中精力，精确流畅地控制运动。

1

100 次

10 次呼吸·180 页

2

滚动前屈

8 组·194 页

• 腿放下，手臂放在头顶上

3

螺丝刀式 1

8 组·168 页

• 双腿向上伸，绕环

4

单腿伸展

8 次长呼吸·204 页

• 腿放回地面

5

侧卧扭转式

6 组·186 页

• 相同的姿势

6

剪刀式

8 组，长呼吸·197 页

• 相同的姿势

7

翻滚式

每个方向 4 组·193 页

• 仰卧，双腿向上伸展

8

双腿拉伸

8 组·172 页

• 四肢向斜上方伸展

9

脊柱伸展

6 组·206 页

• 至坐姿

10

核心稳定式（高级版）

8组·209页

• 双腿向上成45°角

11

拉锯式背部伸展

6组·196页

• 双腿放下到地面呈“V”形

12

直腿开闭后翻

5组·189页

• 双腿抬起，张开，双手抓住脚踝

13

转臀

8组·179页

• 双腿并拢，双手放在臀部后面

14

螺丝刀式2

6组·169页

• 仰卧，腿成犁的姿势

15

背撑式

6组·160页

• 腿放下，至坐姿

16

下犬式

1或2次呼吸·173页

• 膝盖弯曲；脚踝交叉，向后迈步成直体

17

弓步

每条腿30~60秒钟·182页

• 一只脚向前迈出

18

屈单腿后踢

8组·203页

• 转为直体，俯卧

19

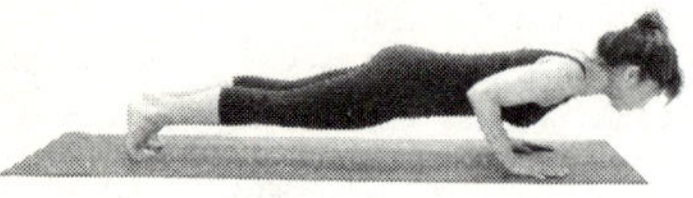

俯卧撑（利用下犬式和俯卧撑）
每次运动 8 个循环·175 页

- 直体下压

20

双腿后踢
8 组·171 页

- 俯卧

21

游泳式
8 次呼吸·208 页

- 把握最终的伸展，手臂挥向头部

22

美人鱼式
一侧 6 组·183 页

- 转为侧坐

23

弓式（摇摆版）
6~8 组·164 页

- 俯卧依靠地面休息

24

美人鱼式
一侧 6 次·183 页

- 转为侧坐

25

天鹅式
8 次呼吸·207 页

- 俯卧依靠地面休息

26

扭转式
6 组·210 页

- 转为侧坐姿势

27

犁式
5 组·181 页

- 屈体，双腿向上伸

28

自行车式

每个方向 5 组·161 页

- 膝盖弯曲，双脚平放在地面上

29

剪刀式（高级版）

8 组·165 页

- 相同的姿势

30

颈部拉伸

5 组·184 页

- 双腿和臀部放至地面

31

飞镖式

8 组·162 页

- 最后一次，保持坐姿

32

利用力量带伸展肌腱和大腿内侧

每条腿每次拉伸 30~60 秒钟·178 页

- 向后躺仰卧

33

“4”字伸展

每边 30~60 秒钟·174 页

- 相同的姿势

34

放松四头肌

每条腿 30~60 秒钟·192 页

- 滚向一侧

背撑式

首先从坐着的姿势开始，双腿并拢，手放在臀部后面；然后抬起骨盆，直到肩膀、骨盆和脚成一条直线（1）。保持头和脖子与脊柱成一条直线。吸气，右腿伸直抬起两次，踝部弯曲、脉搏舒缓（2）。分散重量在整个身体上，因此就不会使手臂和肩膀过分疲劳。脚掌尽量地压在地面上。如果由于脚踝缺乏灵活性而造成小腿抽筋，可以把脚跟紧紧地压在地面上，使整个双腿的后部完全绷紧。大腿内侧也紧紧并拢。呼气，右腿返回至初始位置。吸气，左腿伸直，脚踝弯曲，向上轻抬两次。呼气，左腿返回至初始位置。注意要一直保持骨盆的高度和稳定性。

1

2

首先仰卧，双手放在后背的下面。前臂和地面垂直，肩部伸展贴地面（1）。一条腿向胸部弯曲，另一条腿向外伸展（腿看起来就像剑）。脚尖绷紧。吸气，弯曲的腿朝上伸展（2），放下这条腿的同时弯曲另外一条腿，然后屈至躯干（骑自行车时的双腿）。呼气，重复动作。保持动作平稳，利用腹部深处的力量来支撑脊椎，保持身体稳定。当你向上伸展和放下腿的时候，腿筋得到了拉伸。下巴抬起。这样就能保护喉咙不受伤害，避免给颈部椎骨带来不必要的压力。

1

2

飞镖式

开始笔直坐着，双腿伸直且交叉（1）。双腿交叉且向外旋转，因此膝盖微微朝外。躯干成直立且居中的姿势，手臂伸直，手掌平放在臀部旁的地面上。吸气，躯干向后卷起，脚和骨盆伸至头上，成一个改良的犁状（2）。保持手臂固定在地面上。在这个姿势的时候，迅速变换双腿使另外一条腿在上。呼气，向前起身，使得双腿在空中保持交叉，手臂伸向前方，与腿的方向一致，并与腿平行（3）。吸气，保持这个姿势，把手臂放在身后，双手抱拳（4）。双腿和手臂现在在同一个平面上。呼气，双腿放在地面上，仍然保持交叉状态，躯干弯曲到双腿上。后面的双臂抬起到与地面平行或更高，使肩膀得到伸展（5）。吸气，手掌放松，手臂向前伸展，直到手臂伸向脚的方向（6）。当手臂掠过头部的时候迅速向外旋转，手掌心是朝下的。呼气，脊椎骨伸直，成坐着的姿势，手臂返回至开始的位置。重复。如果腿筋绷紧的话，膝盖可以一直微微弯曲。手臂运动的时候，保持肩胛骨向下，避免耸肩。

这套运动不适用于胸部有骨质疏松症或颈部有问题的患者。

1

2

3
4
5
6

弓式（摇摆版）

俯卧，双腿弯曲，双手抓住脚踝（1）。如果可以的话，保持双脚并拢。吸气，收腹。呼气，同时用手压着脚踝，伸展上半身（2）。大腿可以接触地面也可以不接触。吸气，轻轻地摇摆上半身，同时抬起胸膛。呼气，轻轻地向前摇摆上半身到胸部，保持头部抬起（3）。注意不要模仿摇摆运动猛拉头部的上下运动。这种极其苛求的姿势要求臂肌、肩关节、四头肌和脊柱的柔韧性。

首先肩肘着地，双手放在背的下端，支撑臀部，手指位置舒适。肩膀在身体下方，肘部与腕关节垂直。双腿并拢，向上伸展，脚趾轻轻绷紧。吸气，右腿、左腿交叉伸展（1）。换腿的同时继续吸气（2）。重复这样两次剪刀运动后呼气。保持双腿伸直，使得这个动作的柔韧性效果发挥出来，同时保持整个运动过程中身体的稳定性。

1

2

猫扭式

首先是手和膝盖支撑着，手放在肩膀的正下方，膝盖在臀部的正下方。头部和颈部及中间的脊椎成一条直线。吸气，左手臂向内伸，手指指向胸部，肘部向外突出且微微向上。呼气，右手臂向左下方伸展，身体（脊椎）旋转，目视左肩上方（1）。允许脊椎旋转，同时从尾骨到头部部分成一个拱状，拉伸胸部。避免扭着脖子，保持下巴与胸骨成一条直线。不要目视手臂的下方。反方向重复（2）。

1

2

脸朝地面，首先膝盖弯曲，臀部放在脚后跟上，大腿张开，使得胸部可以放在双腿上。手臂放在身体后面，掌心向上；或者放在头部旁边，掌心向下。如果臀部靠不到脚后跟，放一个足够厚的垫子或毛巾使臀部能有依靠。保持自然呼吸。

螺丝刀式 1

首先仰卧，双腿平行且用力并拢抬起，微微压脚尖，手臂成“T”字姿势。如果腿筋绷紧不能够使你保持骨盆在中间位置的话可以稍微弯曲膝盖。吸气，骨盆倾向一边（1）。呼气，旋转骨盆腿外移（2，脊椎骨下方稍微成拱形），大概到相反的位置（3），然后返回至中间开始位置。吸气，骨盆向另外一边倾斜。呼气，旋转骨盆腿外移，大概到身体另外一侧，然后回到开始位置。两侧轮流重复。上半身要保持稳定，上背不要离开地面。

首先仰卧，双腿平行且用力并拢，成一个改良的犁状，微微压脚尖（1）。手臂平行，手掌向下。吸气，脊椎骨朝地面方向旋转。当你感觉背部中间位置开始接触地面时，骨盆微微向右倾斜（2）。仍然吸气，继续朝地面移动脊椎骨，直到骨盆接触地面（3）。呼气，同时旋转骨盆来回挥动双腿（4），利用双腿的动力，收腹；继续挥动双腿，然后骨盆返回至初始位置。重复另外一边并且两边交替运动 5 个完整的节拍。当你完成时，利用腹部深处的力量伸展骨盆回到地面上。这个运动要求很短的吸气和很长且有控制的呼气。所有的动作都应该平稳且可控，有时候需要固定手臂和肩膀来帮助稳定上半身。

尸式

仰卧于地上，胳膊放在离身体远一点的地方，手心向上。脚稍微分开，并自然地放松。闭上眼睛和嘴，放松下巴，随着每一次呼吸，慢慢地放松你的脸部和嘴角，舒展两眉之间的空间。将紧张感满满地驱逐出身体，就像沙从沙漏里慢慢漏下来一样，呼吸要慢而稳。深深地吸一大口气，然后呼出。

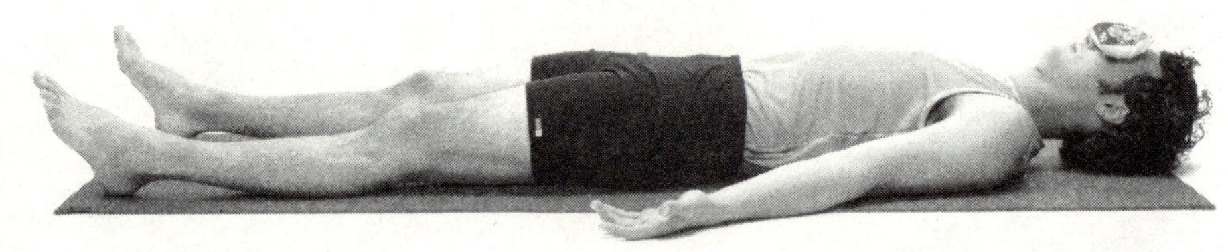

俯卧，双腿并拢，手臂放在身后，肘部弯曲触地，双手放在背部下方（1）。头转向一侧。收腹。吸气，同时膝盖弯曲，脚后跟向臀部方向弹动 3 下（2）。呼气，同时在背后向外伸展手臂，双手握拳，双腿伸长，轻轻抬离地面，整个身体成一个船形（3）。保持头和颈部与脊椎成一条直线。吸气，返回至初始位置，头转向另外一侧。在你开始重复下一个环节时，确保肘关节触地放松。

提示：肘关节是否压在地面上均可，不要强迫肘关节压在地面上。

双腿拉伸

首先仰卧，膝盖在胸前弯曲，双腿并拢，微微绷脚尖（1）。上半身向前蜷缩起来，手臂伸向外侧脚踝。骨盆在中间位置。吸气，手臂向后朝上伸展，直到耳朵旁边。同时双腿向前伸展成45°角（2）。呼气，手臂向前挥向两边（3），同时膝盖弯曲至初始位置。挥动手臂的时候要避免移动身体，尤其是头和颈部。视线向前集中，不要使视线向上运动，或头部向下拉伤脖子。

首先俯卧，双腿分开与髂同宽，臀部向后上方顶，那样手臂、脊柱和骨盆就形成一个长长的对角线。脚后跟踩在地面上，在各方面都依赖腿的力量。身体重量尽量分散在腿上面。双臂分开与肩膀同宽，脖子伸长。保持肩胛骨稳定，拉伸腋窝和上面肋骨的距离。记住要把手指根部（在手掌大的指关节所在的位置）压在地面上，避免身体重量都落在手掌上。不要使肋骨朝地面方向下垂。头和颈要与脊椎骨成一条直线。这是这套运动的过渡姿势。你也可以选择通过婴儿式来休息，这样就没那么有挑战性了。

“4”字伸展

首先仰卧，右脚踝架在左腿膝盖上。交叉右脚外踝关节使它在左大腿的外侧，右腿膝盖朝向右边。双手抓住左大腿，用右肘压在右腿膝盖上使之拉伸。尽量保证骨盆在中间位置。如果你的臀大肌（这正是你拉伸的地方）太过紧绷，而且你又不能很舒服地抓住你的左大腿，用一根带子绑在大腿上。记住握住至少 30 秒钟之后再换另外一边。

脸朝地面，成一个俯卧撑的支架形状（1）。腿伸直，同时脚后跟向后。手臂在肩膀的正下方，支撑身体上半部的重量。利用腹部深处和臀部来平衡骨盆。保持腿和身体成一条直线。吸气。当你呼气的时候，向后抬起右腿两次（2）。吸气，放下腿至开始的位置。另外一条腿重复。呼气，弯肘，降低身体成一直线伏于地面上（3）。吸气，肘部伸直（4）。呼气，使身体成下犬式（5）。吸气，返回到支架形状。重复5个完整循环（右脚、左脚抬起和俯卧撑=1套）。如果想要更大的挑战，多做几个俯卧撑。

1

2

3

4

5

从手和膝盖共同支撑的姿势开始，把脚向后伸展，双腿并拢，形成一个支架的形状(1)。臀部和头、颈部、肩膀以及膝盖成一条直线。保持身体和臀肌与肩胛骨的平衡。吸气。当你呼气的时候，向后抬起腿两次（2)，尽量不要影响骨盆、脊椎和肩膀的稳定性。吸气，放下腿。另外一条腿重复这个动作。感受从大腿内侧经过骨盆平面到腹部深处的牵引力。注意头部和颈部不要掉下来（我称之为“一头扎入饲料袋”)。在这些动作的任何一处都可以加入俯卧撑（3)：在每条腿抬起的时候中间（即，抬起右腿两次，做 1~3 个俯卧撑，抬起左腿两次，做 1~3 个俯卧撑）或者在每套抬腿动作之间（即，抬起右腿两次，然后抬起左腿两次，再做 1~3 个俯卧撑；重复之)。所有的俯卧撑都可以采用膝盖压在地面上的姿势做。

1

2

3

利用力量带伸展肌腱和大腿内侧

腿筋：首先躺在地面上，左腿弯曲，左脚平放于地面上。右腿用力朝天花板方向伸展，脚底用一根带子缠着，双手紧握带子的两边，肘部放在地板上（1）。骨盆固定在中间位置。保持这个姿势 30~60 秒钟，然后重复另外一条腿。大腿内侧：首先和腿筋那套运动开始相同的姿势，但是把大腿伸至身体外侧，避免摇摆或骨盆的移动（2）。保持这个姿势 30~60 秒钟，然后重复另外一条腿。

1

2

首先笔直坐着，双腿于身体前方抬起、伸直且用力并拢，脚掌心向前（1）。如果腿筋过于紧绷的话，稍微弯曲膝盖。手臂放在身体后面，手掌平放于臀部后面的地面上。手指可以指向旁边，或者直放于身躯后面。你可以依赖于肘关节的力量来调整身体上部的位置，但要避免胸部塌下来。吸气，臀部向右边倾斜，保持上身平稳（2）。呼气，双腿伸展远离自己（3），且向左边移动（4），回到开始的位置。吸气，臀部向左倾斜，保持身体静止。呼气，双腿伸展远离自己且向右边移动，回到开始的位置。

100 次

开始仰卧，把腿抬起来并用力并拢。臀部和膝盖处各成 90°弯曲，小腿和地面平行。腿成一个桌面的形状（1）。手臂放在身体旁边，掌心朝下。吸气。在你呼气的同时抬起上半身，停在 T 点的位置（定位在从胸骨的最低点直到脊骨的后端），手臂沿脚的方向伸展，伸起与地面平行。同时，腿伸展成 45°角（2）。手臂上下运动，吸气 5 次，呼气 5 次。练习 8 次完整循环。再吸气一次，当你呼气的时候，用上腹部的力量慢慢地把身体和腿返回开始的位置。记得保持骨盆在自然状态，从下面的肋骨到髋骨的距离要长一些。当你肩胛骨朝后移动的时候伸展锁骨。保持目光向前，注视大腿内侧。

仰卧，双腿并拢向上抬起，与髋关节成90°角。（1）如果受韧带限制无法做到标准动作，可以微微屈膝。大腿内侧肌肉绷紧，在整个练习过程中保持双腿并拢。手臂置于身体两侧，掌心朝下。吸气，腹部用力让盆骨向后倾斜，顺势带动腿部，不要借助大腿的力量。呼气，腹部用力，大腿举过头顶呈犁状（2）。利用韧带和臀肌，迅速把腿伸直与肩成一条直线（3）。这个动作主要依靠腿部肌肉来完成。吸气，髋关节与地面成45°角（4）。呼气，慢慢回到起始动作，其间应尽力保持腿部向反方向伸展。不要垂下双腿，或打开髋关节。

胸部有骨质疏松症或颈部有问题的患者不适合此项练习。

弓步

一只脚向前跨出一步成弓步站立，后脚伸直脚尖点地。前腿膝盖弯曲约成 90°角。髋部和肩膀摆正，腰部挺直，身体不要前后摇摆，盆骨保持水平，不要左右转动。双臂置于耳朵两侧上举，手掌向内。呼气，前腿膝盖继续弯曲，后腿伸直。应感到髋部和后腿大腿肌肉有拉伸感（锻炼髋部屈肌和股四头肌）。尾椎骨内收，避免过度收紧臀部。双臂上举，保持肩背挺直。保持 30~60 秒钟，换另外一侧。

侧坐，膝盖微弯，腿向后叠放（1），位于上方的脚稍向前伸。一手张开撑地，比肩稍宽，另一只手放在腿上。吸气，双腿伸直，躯干向撑地的手臂倾斜。双腿并拢叠放，着地的脚牢牢支撑身体的重量（2）。钩脚尖，位于上方的手臂轻轻放在腿上。腹部用力，大腿内侧及韧带下压。呼气，侧身，臀部抬起离地，下半身用力伸直（3）。位于上方的手臂伸向膝盖处，眼睛看地面，颈部伸直。吸气，身体回到中间位置，与地面成45° 角，手臂贴耳上举，肩膀向下倾斜，转头，眼睛直视地面，视线越过支撑臂（4）。呼气，屈膝，慢慢回到起始姿势。身体前部有挤压感以便保持平衡。运用肩膀保持动作平稳，尤其是支撑臂的平稳，避免摇晃。同时双腿的各处肌肉都需用力以保持平衡。重复4~6次之后换一侧。

颈部拉伸

平躺，双手手指交叉放于颈后，手心贴于头部（1）。手肘向外，稍微离地，双腿伸直并拢，钩脚尖。吸气，头、颈和肩离地，保持手肘位置不变（2）。不要用手把头颈向前推！呼气的同时，继续屈体，运用脊柱的力量直到身体不能再向前倾为止（3）。吸气，躯干伸直（4），尽量保持脊柱竖直。呼气，盆骨开始向后倾斜（5）。上体应保持向上提拉，继续呼气，直到身体回到起始姿势。在此期间手臂的动作应保持不变，脊柱有拉伸的感觉，即便是在屈体时。如果要降低难度，双腿可以稍微分开，钩脚尖，或者手臂可以在胸前交叉。

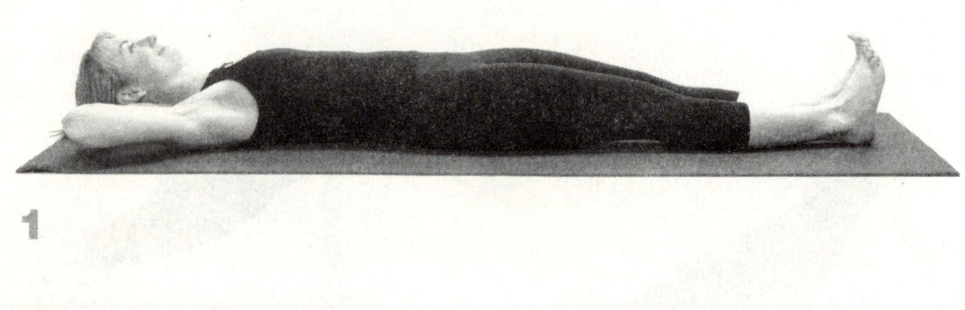

1

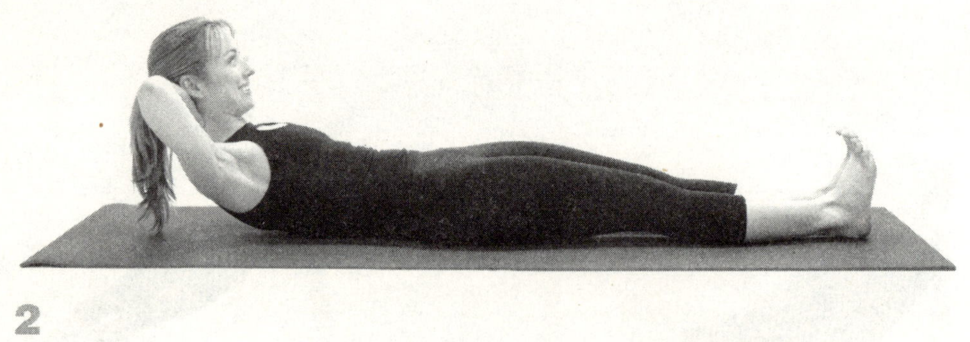

2

3

4

5

侧卧扭转式

首先仰卧，双手手指交叉放于颈后，手肘向外。右膝向头部一侧弯曲，左膝向外伸展(1)。吸气，侧身，左肩向弯曲的右膝方向转动（2)。继续吸气，右肩向左膝方向转动。呼气，再来一次，右肩再向左膝方向转动。肘部保持摊开，以保证真正做到躯干的转移，而不仅仅是肘部在头部两侧晃动。盆骨位于中间位置，保持不动。动作要慢，注意控制幅度，正确的动作应是只有肋骨部分转动。上身躯干应离地以确保达到足够的运动量，而不仅仅是滚动躯干。

1

2

首先仰卧，双手手指交叉放于头后，手肘向外。两腿伸直，右腿向上伸展，左腿向下伸展（分腿式）。吸气，侧身，左肩向右膝方向转（1）。继续吸气，一边把右肩向左膝方向转（2）。呼气，重复一次，左肩向右膝方向转。继续呼气，一边把右肩向左膝方向转。从头到尾腿部伸直。肘部保持摊开，以保证真正做到躯干的转体，而不仅仅是肘部在头部两侧晃动。盆骨保持不动。上身躯干应离地以确保达到足够的运动量，而不仅仅是滚动躯干。

直腿后翻式

臀部着地，双腿伸直，两肩平展，手握住脚踝（1）。手臂伸直，稍微绷直脚尖，脊柱微屈，吸气。与此同时，腹部用力向后滚动至图示位置（2）。呼气并回到起始姿势。在整个动作中手臂和大腿必须绷直。脊柱微屈以便滚动。运用腹部的力量，配合呼吸来带动身体滚动，同时控制动作的幅度以便及时停止并回到起始姿势。不要让颈部着地。

胸部有骨质疏松症或颈部有问题的患者不适合此项练习。

1

2

臀部着地，双腿伸直，两肩平展，手握住脚踝（1）。手臂伸直，稍微绷直脚尖，挺胸，脊柱微屈。吸气，同时滚动到图示位置（2）。利用大腿内侧肌肉的力量将腿并拢（3）。一边呼气，保持双腿并拢，回到起始姿势（4）。吸气，一边分开双腿。呼气，再次向后滚动的同时双腿并拢。继续呼气，回到起始姿势。按照说明重复5遍。上一个动作以双腿并拢结束，之后再吸气。呼气，同时向后滚动并分腿成“V”字形，继续呼气，并回到起始位置，双腿保持分开。

胸部有骨质疏松症或颈部有问题的患者不适合此项练习。

1　2　3　4

桥式腿部运动

仰卧腿弯曲（1）。屈膝，脚跟与坐骨成一条直线，手臂置于身体两侧，手掌贴地，吸气。呼气，脊柱慢慢抬起，离地，脊椎骨伸直，直到臀、肩膀及膝盖与地面成45° 角（2）。吸气，右腿慢慢伸直，大腿并拢（3）。呼气，右腿慢慢向身体外侧伸展（外展），盆骨保持不动（4）。左膝不要跟着移动。在腿部外展时脊柱不要拱起。吸气，右腿收回，双腿并拢。呼气，屈右膝，右脚着地。吸气，左腿伸直保持不动。呼气，脊柱慢慢抬起，离地，脊椎骨伸直，直到臀、肩膀及膝盖与地面成45° 角。吸气，左腿慢慢伸直，大腿并拢，呼气，左腿慢慢向身体外侧伸展（外展），盆骨保持不动。吸气，左腿收回，双腿并拢。呼气，屈左膝，左脚着地。继续呼气，脊柱回到起始位置。在这个过程中，腹部下移，运用大腿内侧的力量带动尾椎骨向下移动，脊柱同时有牵拉感。不要过分收紧臀部。合理分配运动量，让身体前部与后部得到相同程度的锻炼。

桥式

仰卧腿弯曲，脚跟与坐骨成一条直线（1）。吸气，呼气，以尾椎骨为基点脊柱慢慢离地（2）。脊椎骨伸直，直到臀、肩膀及膝盖与地面成 45° 角（3）。吸气。呼气时，从肩背部开始慢慢下移，回到起始姿势。运用大腿内侧的力量，使脊柱伸直，尾椎骨离地。重复两次，除了重复上述动作之外，让臀部在盆骨中心线上受力，伸展其韧性，运动中自然呼吸，任何时候双腿都不能分开。

放松四头肌

侧坐，背挺直。身体倾向一侧，以手肘和前臂撑地。着地的膝盖微微弯曲，抬起的腿弯曲，保持大腿与躯干成一条直线。躯干不要下沉。手抓住上方的脚踝，腹部用力保持盆骨不动。缓缓向内拉脚踝，大腿前部肌肉有被牵拉的感觉（四头肌）。如果腿部肌肉很紧，迫使盆骨向前倾斜（前倾），请使用拉力带辅助手臂完成动作。保持 30~60 秒钟，换另一侧重复。

仰卧，手臂放在身体两侧，手掌向下，双腿并拢伸向天花板，微微绷脚尖（1）。如果韧带较紧，可以轻微屈膝。吸气。呼气的同时，开始向后滚动。利用腹部力量弯曲脊柱。双腿向头部下压，成犁式（2）。吸气，同时双腿张开与肩同宽。钩脚尖（3）。呼气，同时身体渐渐向地面靠拢，注意控制脊柱的力量（4）。回到起始姿势。吸气，利用大腿内侧力量使双腿并拢，脚尖绷直。呼气，重复以上动作。重复 5 遍，再从分腿姿势开始重复 5 遍。注意配合呼吸，使动作到位而流畅。如果韧带太紧，请屈膝。

胸部有骨质疏松症或颈部有问题的患者不适合此项练习。

滚动前屈（高级版）

仰卧，两腿分开，勾脚尖（1），手臂举过头顶，稍微离地，张开，略比肩宽，手掌向内。脊柱处于中间位置。吸气，手臂向上伸直，在肩部正上方与地面垂直（2）。头部和颈部跟着抬起，眼睛通过胳膊之间看向脚。呼气，手臂位于耳侧，屈上体，逐步弯曲脊柱直到躯干向脚部伸展，且手臂与地面平行（3）。保持整个动作流畅进行。吸气，再呼气，脊柱伸展，回到起始位置，手臂应尽量保持位于耳侧，肩膀不要用力。

仰卧，双腿并排但微微分开，勾脚尖（1）。双臂打开，稍微比肩宽，紧贴耳朵举过头顶，保持离地状态，双手抓紧拉力带。拉力带有足够的张力可以迫使肩胛稳定。吸气并拉紧拉力带，将双臂举至与肩膀垂直的位置。头颈仰起，沿着伸展的双臂目视脚的位置。双臂缓缓放下，靠近双腿，然后呼气，蜷曲上身直至身体靠近双脚，而双臂平举于双腿之上并保持与地面平行（2）。吸气，挺直脊背（3）。呼气，上身左转，将拉力带举至胸前，双臂展开用力拉伸（4）。吸气，上体回正，双臂举回头顶。然后右侧重复上述的动作。将上身恢复到蜷曲的位置，双臂与地面平行，颈背伸长。呼气，回到起始的姿势。为了加大脊柱扭转的幅度，可以颠倒呼吸的顺序。

拉锯式背部伸展

挺胸正坐于中央，双腿分开略比肩宽，勾脚尖（1）。双腿肌肉始终保持紧绷。双臂向外侧打开保持与肩同高。收腹。吸气，上身向左转（2），臀部保持不动。呼气，身体向前弯曲，右手握住左脚（3）。如果可能，尽量转头看向后面的左手臂。但如果脖子感到过于紧绷只要看前面的右手即可。吸气同时挺直上身，但仍然保持身体左转。挺胸伸展脊柱，以左手为支撑身体后仰（4）。脊椎下部至底椎紧绷以支撑腰椎。呼气，同时身体回复到开始的姿势。另一侧重复以上的动作。

仰卧，骨盆处于中心位置。一条腿抬起尽量贴近上身，双手握住脚踝（1），腿保持挺直。另一条腿伸长，只要不觉的背部受压就尽量压低，两腿至少分开 45° 角。双腿肌肉始终保持紧绷。吸气，两腿像剪刀一样交换位置（2）。呼气，两腿像剪刀一样再次交换。盆骨必须一直保持在中心位置。两腿交换时，始终并拢不要分开。为了进一步锻炼呼吸力量，可以吸一次气两腿交换两次，呼气时两腿再交换两次。

1

2

蜷曲式（高级版）

挺胸坐立，双腿弯曲对折，然后抬起贴近上体，膝盖向外打开。两臂夹在两腿内侧，两手握住同侧的脚踝外侧（1）。将两脚托起至膝盖与肚脐几乎同高。脊背稍弯，运用腹肌力量但不要含胸。身体重心保持在尾椎骨与坐骨之间。吸气，两脚对拍两次。呼气，向后翻转（2），停在翻转后的位置后两脚再对拍两次。注意最后一张图片中脚的位置（3）。沿着尾椎骨翻转到脊背上端为止，不要翻转过颈部。继续呼气，同时翻转回起始的位置，翻转过程中保持脊背弯曲，运用腹肌力量带动身体运动和制动。始终靠骨盆底来帮助控制身体平衡。

胸部有骨质疏松或颈部不适者不宜做此练习。

挺胸坐立，抬起一条腿放于另一条腿之上，摆出数字“4”一样的姿势。上方的腿膝盖弯曲，脚踝外侧靠在下方膝盖之上、大腿外侧。上方的膝盖位于上体的前端，勾脚尖。手支撑在身后，上体后仰，脊椎和盆骨处于中心位置。保持挺胸。将下方的腿慢慢抬起靠近上体，上方的膝盖朝外。你会开始感到上方腿一侧的臀部紧绷，尽可能将腿收得更近，但同时保持骨盆位于中心位置。不要让脊椎松垮。如果你的腰部有不适，可以躺下改做174 页的“4”字伸展动作。

侧弯式

侧坐，上方的腿膝盖弯曲，脚掌平放在地板上（1）。下方的腿膝盖同样弯曲，但腿的侧面着地。下方的手臂打开略比肩宽，手掌撑地，手指朝向身体外侧。上方的手掌朝上放于膝盖上。吸气，抬起臀部，挺直双腿，运用大腿内侧肌肉力量将两腿并紧（2）。上方手臂呈弧线划过头顶。受力手臂一侧的肩膀运用肩部保持绝对稳定。臀部抬起使上身、双腿和手臂构成一个新月形。运用臀部下方的肌肉来提升臀部的高度。腿部肌肉紧绷。呼气，有控制地将双腿、手臂和身体恢复到起始的位置。

1

2

单膝着地。右手掌撑地，同时将左腿抬起与上体成一线，与地面平行，膝盖朝向身体外侧，保持平衡，绷脚尖（1）。右小腿不完全向后而是倾斜一定的角度以保持平衡。左手放在头后，肘部指向天花板。运用“T”字部位（位于胸骨末端到脊椎骨的正下方）的力量避免肋架摇摆不定。吸气，上方的腿前踢，转臀和勾脚尖，弹动两次。腿部弹动时吸气（2）。呼气，腿和脚伸向身体后方，尽量后伸但保持盆骨位于中心位置，而上体保持不动（3）。腿与地面平行，不要抬得过高或过低。只有腿部运动，盆骨不动。重复动作。

双屈肘侧踢

侧身躺下，双腿伸直，两腿上下分开 20° 角。下脚踝勾起，上脚尖绷直。双臂肘部弯曲放于头后。上体完全离地与臀部成对角线。运用“T”字部位（位于胸骨末端到脊椎骨的正下方）的力量避免肋架摇摆不定。上方的腿与地面平行，尽力伸展，勾脚尖（1）。呼气，运用腹部和背部肌肉的力量保持此姿势。下方的腿贴紧地面以保持稳定。吸气，上方的腿前踢，转臀部和勾脚尖，弹动两次。腿部弹动时吸气（2）。呼气，腿和脚伸向身体后方，尽量后伸但保持盆骨位于中心位置（3）。重复 6~8 次，然后换另一侧再重复此动作。

俯卧，双手握拳，肘部撑地（1）。肘部与肩部垂直成一线，两前臂成一角。双腿伸直并拢稍稍抬起。用力收腹，耻骨贴在毯子上。吸气，一条腿膝盖弯曲，勾脚尖，轻轻向臀部方向弹动两次（2）。呼气，慢慢拉伸腿部恢复到开始的位置，仍然保持离地（3）。另一条腿重复同样的动作。用腿筋力量避免膝盖拉伸。如果背部感到压力可以将头放下靠在手上，或者坐前面的动作时将腿放在地板上。将前臂紧紧贴在地板上以支撑头部和颈部。

单腿伸展

仰卧，盆骨位于中心位置，上体前屈。一条腿膝盖弯曲，抱于胸前。外侧手握住脚踝，内侧手握住膝盖（1）。另一条腿抬起尽量伸展，离地面 45° 角。如果背部力量不足，也可以将腿放低一些。吸气，换腿，同时手的位置也要交换（2）。呼气，腿和手的位置再次交换。确保肘部打开，肩膀放低。换腿时，要手把手地交换手的位置。重复动作，保持盆骨位于中心位置。为了进一步锻炼呼吸力量，可以吸一次气交换两次，呼气时再交换两次。

1

2

挺胸坐立，双腿并紧伸直（1）。手臂高举在头部两侧，手掌相对。勾脚尖，腿部紧绷。上身笔直位于中心位置。呼气，上体右转，转动两次，两手臂始终高举（2）。呼气，上体回正，手臂保持同一位置。另一侧重复此动作（3）。从肋骨下方开始转身。想象你转身的时候是像螺旋一样向上转，上体转回的时候要挺直脊柱。做此项练习的时候手臂始终高举。盆骨不可以摇晃或转动。呼吸顺序可以颠倒。

1
2
3

脊柱伸展

挺胸坐立，双腿伸直打开近 90° 角，勾脚尖（1）。如果盆骨受制于腿筋无法保持在中心位置，可以将膝盖弯曲。手臂前伸，与肩同高，平行于地面，手掌朝下。吸气，脊柱伸长做好准备。呼气，脊柱向前弯曲有到手指可以触地（2）。保持此姿势吸气。呼气，手指向前滑动，增大脊柱的弯曲度。避免胸部和肩部松垮。保持脊柱弯曲的姿势吸气。呼气，脊柱一节一节地恢复到起始的位置（1）。吸气，将手支撑在身后（3），上体稍稍后仰，脊柱伸展。呼气，恢复到起始姿势。

1

2

3

俯卧，肘部弯曲，指向腿部（1）。手掌张开支撑在肩膀下方。双腿伸直，稍稍分开15~20厘米。吸气，运用背部肌肉的力量在手臂的帮助下使上体完全伸展（2）。确保腿部肌肉紧绷，从臀部开始向外伸展。呼气，上身向着地面俯冲，手臂立刻前伸（3）。运用冲力来协助完成“潜水”的动作，同时双腿伸展尽量抬高。吸气，在手臂的带动下上身向上伸展（4）。此时吸气有助于保持上体挺直。呼气，运用上体的冲力摇摆。全身协调完成动作，始终充满能量。此项练习很具活力，运用大量冲力。确保使用腿部和腹部的全部力量。

游泳式

俯卧，手臂和腿向相反的方向伸展。双腿并排，脚后跟与坐骨保持一致。头部和胸部离地，头部和颈部与脊柱保持一致。吸气，将一侧相对的手臂和腿稍稍抬起，分四步完成游泳的姿势（1）。呼气，重复动作，分四步抬起相对的手臂和腿（2）。尽力抬起手臂和腿，但不能影响盆骨和肩部的稳定。

挺胸坐立，身体重心位于尾椎骨略下方。双腿并拢抬起，绷脚尖（1）。手臂向脚的方向伸展与腿成平行线。上体挺直。吸气，然后脊柱后仰，同时双腿抬起（2），保持住。手臂顺势向后伸展，与耳朵平行（3）。呼气，然后脊柱回到起始的位置，同时双腿抬高，手臂向前伸展与腿平行，保持住。最后恢复到起始的姿势。做此练习时，要平稳但有控制力。不能因为贪图容易，就做手臂下切的动作或是完全依靠臀部扭动恢复到起始的姿势。要均匀地使用全身的力量来完成腿部和上体的上下摆动。

也可以像双腿伸展练习中的那样，在上下摆动的过程中双臂在侧面摆动。

1

2

3

扭转式

侧坐，上方的腿膝盖弯曲，脚掌平放在地板上（1）。下方的腿膝盖同样弯曲，但腿的侧面着地。两脚交叉。下方的手臂打开略比肩宽，手掌撑地，手指朝向身体外侧。吸气，臀部抬起同时双腿拉直并拢，上方的手臂向上伸展成“T”字形（2）。呼气，上体向下弯曲，双腿支撑身体的全部重量，上方的手臂抱住身体，位于支撑手臂的下方（3）。双腿尽可能紧绷发力。头部朝向上方手臂的位置。必须运用肩带稳定的力量，尤其是受力手臂的一侧。手臂和上体恢复成对角线，上方的手臂向上伸展成“T”字形（2）。呼气，回到起始的侧坐姿势。

参考文献

Bryant, C.X. 2005. Question and answer column. *ACE Fitness Matters Newsletter,* January/February, 14.

Douillard, J. 2001. *Body, mind, and sport: The mind-body guide to lifelong health, fitness, and your personal best.* New York: Three Rivers Press.

Ganong, W.F. 2005. *Review of medical physiology.* 22nd ed. New York: McGraw-Hill.

Howard, P.J. 2006. *The owner's manual for the brain: Everyday applications from mind–brain research.* 3rd ed. Austin: Bard Press.

McAuliffe, Kathleen. 2005. Enjoy! *U.S. News,* December 19, 2005. www.usnews.com/usnews/health/articles/051219/19coffee.htm (accessed June 2, 2006).

Pilates, J., and W.J. Miller.1998. *Pilates' return to life through contrology.* Ed. J. Robbins. Incline Village, NV: Presentation Dynamics. (Orig. pub. 1945.)

Selye, H., ed. 1980. *Selye's guide to stress research.* Vol. 1. New York: Van Nostrand Reinhold.

Spiegel, K., E. Tasali, P. Penev, and E. Van Cauter. 2004. Brief communication: Sleep curtailment in healthy young men is associated with decreased leptin levels, elevated ghrelin levels, and increased hunger and appetite. *Annals of Internal Medicine,* 141:846–850.

Taheri, S., L. Lin, D. Austin, T. Young, and E. Mignot. 2004. Short sleep duration is associated with reduced leptin, elevated ghrelin, and increased body mass index. *The Public Library of Science and Medicine* 1, no. 3 (December): e62. http://medicine.plosjournals.org/perlserv/?request=get-document&doi=10.1371/journal.pmed.0010062 (accessed June 2, 2006).

作者简介

凯瑟林·玛若凯米（Cathleen Murakami）是加利福尼亚州的恩西尼塔斯体能健身工作室（SynergySystems Fitness Studio）的老板和教练。玛若凯米是一位具有20多年经验的职业健身教练，1991年专门从事普拉提健身法训练。她已经担任了十几年的普拉提认证课程的教练，教授与此相关的解剖学、生物力学，以及康复学。她还制作了4个指导视频和DVD的《完全健身锻炼法》系列光盘，为中级水平的普拉提练习者提供了学习素材。玛若凯米获得了健体尼克（Gyrotonic）一级认证，并同时获得了美国运动协会（ACE）、美国运动药物学院（ACSM）、伦敦阿兰赫德曼普拉提工作室、体能理论研究所、长岛舞蹈机构（Long Beach Dance Conditioning）的认证。她还学习过瑜伽，玛若凯米现住在加利福尼亚的恩西尼塔斯。

版权声明